JN066070

不安が消えてうまくいく

はじめてリーダーになる女性のための教科書

Female

Leader

A book for women starting out as leaders

深谷 百合子

Fukaya Yuriko

日本実業出版社

はじめに

「リーダーになるつもりなんてなかったのに、どうしよう…」
「リーダーシップもないし、人に仕事を任せられない私には荷が重すぎる…」

あなたは今、そんな不安でいっぱいではありませんか。
本書は、そんな不安や悩みをお持ちのあなたに向けて書きました。

私は40歳のときに課長になり、初めて部下を持ちました。でも、自分のことで精一杯だった私は、なかなか仕事を任せることができませんでした。結局、その部下は「役に立てなくてごめんなさい」という言葉を残して、会社を辞めてしまいました。役に立てなかったのは私のほうなのにと思うと、自分の無力さに泣けてきました。

当時、私は「自分はどんなリーダーになればいいのか」「どう思われたいか」と、「自分」ばかりに意識を向けていました。でも、失敗して叱られた若手メンバーをフォローするうちに、自分の中にあった「リーダーシップ」に気づいたのです。「目の前のメンバー」や

「自分のチーム」と向き合ったときに、自然と湧いてくる想いを形にしていくことで、自分らしいリーダーのあり方ができあがっていきました。そして、メンバーから「みんなのやる気を引っ張り出してくれる存在」と言ってもらえるようにもなりました。

そんな私が現場で工夫してきたことや失敗から得たことを、明日から実践できる形にして本書でお伝えいたします。また、あなたよりちょっと先を歩む女性リーダーたちの事例も紹介しています。

本書を足がかりに、今すぐできる小さな行動を積み重ねてみてください。いつの間にか「できている自分」になっていることに気づくでしょう。そして、「女性ならでは」ではなく、「あなたならでは」のリーダーシップを発揮し、「人の成長を喜びにできる」というリーダーの役割を楽しめていることでしょう。

そんな未来への扉を一緒に開けていきましょう。

2024年5月

深谷　百合子

第2章 王道だけどメンバーをよく知ることから始めよう

第4章 「任せられない」「巻き込めない」はこうやって解決

第5章 「信頼しています」と言われるコミュニケーション術

カバーデザイン／沢田幸平（happeace）
カバー・章扉イラスト／須山奈津希
本文DTP／一企画
企画協力／ネクストサービス株式会社　松尾昭仁

序章

えっ、私がリーダーでいいんですか!?

・・・

「昇格してリーダーになってほしい」と言われたら、
「できれば今のままがいいのに。
自分で大丈夫なのかな…」
と感じるかもしれません。
でも、最初から何でもできる人なんていません。
できると思われたから推薦されているのです。

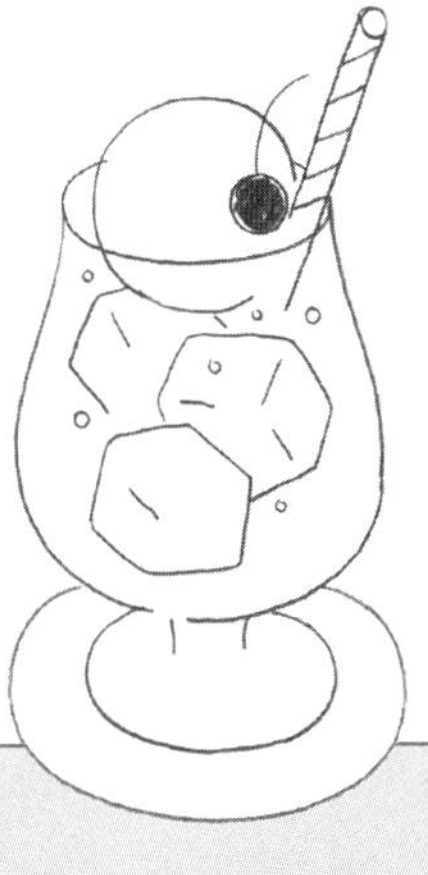

評価はされたいけど、役職には興味がなかった私

「今度の昇格試験に、あなたを推薦したから提出書類の準備をよろしく」

隣の席に座っている部長から笑顔でそう言われて、私は「えっ、私ですか？」と戸惑いました。

それは、会社が「女性社員の戦力化プログラム」を本格的に始めた年でした。社員約2万3000人の会社全体で21名しかいなかった女性管理職の数を増やすことをはじめ、職場の業務改善活動においても、女性リーダーの数を増やそうという取り組みが進められていました。

社外に向けて発行するパンフレットでも、「活躍する女性社員」が多く取り上げられており、「いずれは、私にも昇格の話が出てくるかもしれない」とは思っていました。

でも、転職で中途入社してまだ2年。正確にいえば3か月の試用期間をのぞくと、正社員として働いた期間は2年未満だったので、「私はもっと先のことだろうな」と思ってい

ました。
ですから、「昇格試験に推薦した」と言われたときは、複雑な気持ちになりました。これって「えこひいき」なのではないだろうか…。私が入社してから2週間後に中途入社してきた男性社員のほうが実力もあるのに、先に昇格してしまっていいのだろうか…。

私の勤めていた職場は、男性ばかりの職場でした。おまけに、中途採用をほとんどしてこなかったので、「外」から入ってきた私は、いやでも目立つ存在でした。

「お手並み拝見」という目で見ていた人もいたはずです。

私は「とにかく仕事を頑張って、みんなに受け入れてもらおう」と、自分の居場所を必死でつくってきました。それが、ここで自分だけが昇格することになったら、どう思われるだろう。せっかく仲良くなった同僚たちとの間に壁ができてしまうのではないか…と、不安になりました。

そもそも私は役職に興味はありませんでした。

もちろん、「頑張った分は、きちんと評価してほしい」と思っていました。でも、「偉くなりたい」とは思っていませんでした。社内には、女性の部長や事業部長もいましたが、

「すごいな〜」と思うだけで、「いつかは私もなりたい」と思ったことは一度もありませんでした。

「毎週のように会議で経営層から数字を確認され、計画に達していないとゴリゴリ責められるのだろうな」と想像するだけで、「そんな生活はごめんだ」と思っていました。

それに、私はひとりでコツコツと課題を解決していく、そのときの仕事の進め方が性に合っていました。中途入社をしてからの2年間、私ひとりだけ直属の上司は部長という、ちょっと変わったポジションにいました。

いわゆるリーダーではなく、ひとりで仕事のやり方を考え、実務を行う担当者です。部長から直接指示を受けて資料を作成したり、部内の各グループをまたぐような仕事を受け持つ「職人」のような仕事スタイルです。

人に何かを頼むことが苦手な私は、「職人」でいたかったのです。でも、管理職やリーダーになったら部下を持つことになります。どう仕事を任せたらいいのかわからないし、チームメンバーの人生に責任を持つことへの恐れも感じていました。

「ずっと今の仕事のままでいられたらいいのに…」

部長からメールで送られてきた昇格試験の提出書類を見ながら、私はそう思っていました。気が重いけれど、断ることはできません。それに、推薦してくれた部長の顔をつぶすわけにもいきません。

面接でうっかり消極的な発言をして不合格になってしまったら申し訳ないし、自分から望んだわけではないとはいえ、不合格になったら、それはそれで後味が悪い。

複雑な気持ちのまま、昇格試験で提出する書類をつくるため、私は自分のこれまでの業務を棚卸しすることから始めました。

「リーダーの資質」は全部を持っていなくていい

昇格試験に提出する書類の中には、自分の強みと弱みをセルフチェックする項目がありました。

その中に、「リーダーの資質」として、7つの項目があげられていました。

その7つとは、「達成志向」「組織志向」「顧客志向」「未来志向」「先見力」「概念形成力」

「公平倫理性」です。

これを、「常に申し分なくできている」「常にできている」「ほぼできている」「どちらかと言えばできていない」「できていない」の5段階でセルフチェックするのです。

私は「組織志向」と「先見力」は、「どちらかと言えばできていない」にチェックしました。ひとりで仕事をするほうが性に合っているのですから、「組織の目標達成のために、自らの動き方を変えようとしているか」と聞かれたら、「できている」とは言えませんでした。

それに、目の前の課題に取り組むのは得意でも、先を見通して布石を打っていくような仕事は、あまりしたことがありません。

「先見力があるとは言えないな」と考え、低めに評価しました。「できている」と評価したものでも、「常に申し分なくできている」と評価した項目はひとつもありませんでした。

「この7つを全部できていないと、リーダーとは言えないのかな」と思うと、ますます自信がなくなります。

セルフチェックを記入した書類を部長に提出すると、「随分と遠慮しているね」と言われました。「僕は、どの項目もできていると思うから、あなたを推薦したんだよ」と言って、全体的に今よりもうひとつ高い評価にするようにすすめてくれました。

その結果、「どちらかと言えばできていない」は「ほぼできている」に、「ほぼできている」は「常にできている」に変わりました。

修正したセルフチェック表を見ながら、「部長は私のことを過大評価しているのではないか」と思わずにはいられませんでした。

仕事の実務に関しては、私も多少の自信はありました。けれども、急激に規模を拡大している会社に転職してきて、これまでに経験したことのない業務を担当することが増え、毎日が試行錯誤の日々。**自分の実務能力をもっと上げていきたいのに、リーダーとしての仕事もするなんて、荷が重すぎる**と思いました。

リーダーの資質として掲げられていた7つの項目から浮かび上がってきたリーダー像は、次のようなものでした。

「どんな困難があっても、目標達成に向けて行動し、そのために自分がどう動いたらよいのかを常に考えている人。顧客をはじめとするステークホルダーは何を求めているのかを考え、win-win の関係を築いていく人。世の中の動向を鋭くキャッチし、ビジョンを描いて突き進んでいく人。誰に対しても、何事に対しても公正に評価する人」

かなりのスーパーマンです。どれもがバランスよくできている人なら、確かに素晴らしいリーダーだと思います。でも、自分とはギャップがありすぎます。

もし、今の私が当時の私に声をかけるとしたら、「最初から全部を備えていなくてもいいよ」と言います。**人は、役割を与えられて初めてできるようになることもある**からです。

今できていないところがあっても、それは「伸びしろ」です。新しい役割が、新しい自分をつくっていってくれます。最初から１００点満点である必要はありません。

第1章

いろんなタイプのリーダーがいてもいい

・・・

あなたが選ばれたのには理由があります。
何でもしっかりできないとリーダーとは言えない、
などと肩肘張ることはありません。
あれこれ全部できなくても大丈夫。
できることから始めて、あなたなりのリーダーに
なればいいんです。

「リーダーって引っ張る人だよね」は思い込みです

あなたは「リーダーシップ」という言葉に、どんなイメージを持っていますか。

私は、「グイグイみんなを引っ張る」「決断力がある」「ビジョンを描いて人々を巻き込む」といったイメージを持っていました。

少し古いですが、プロ野球でいえば中日、阪神、楽天の3チームを優勝に導いた星野仙一監督のような、目標に向かってチームをまとめていく、熱血で親分肌なリーダー。そういう人がリーダーシップのある人だと思っていました。

でも、自分は星野監督のようには、とてもなれません。

「自分についてこい！」というタイプじゃなくても、人々をまとめていくにはどうしたらいいのだろう？　その答えがほしくて、書店に行ってはリーダーシップに関する本を買い込んでいました。そして、本を読めば読むほど、自分の足りないところに目が行ってしまい、それを補強しようとしてまた別の本を読む、ということを繰り返していました。

当時の私は、だれもが「理想的」だと思うリーダーになろうとしていたのだと思います。また、「自分が一般社員だったときに、ああはなるまいと思ったリーダー」を反面教師にし、みんなから嫌われるようなことをしないようにしていました。

自分なりに努力しているのに、うまくチームをまとめているようには思えませんでした。チームのメンバーが退職するたびに、私のせいではないかと思いました。

その考えが変化したのは、課長になってから5年後でした。10～20代の若手社員を含む40名近くの部下を持つことになったときです。

経験不足から失敗して落ち込んだり、単調な仕事ばかりで力を持て余していたメンバーと話をしたことがきっかけでした。

自分が引っ張るのではなく、後ろからみんなを押していくやり方でも、目標に導いていけるのではないかと思ったのです。

そこで、まずは一人ひとりと話をすることにしました。

じっくり話をすることで、「その課題に対してだったら、私ならこんなことができる」

と思えることがたくさん見つかりました。そこから、少しずつ自分らしいやり方でリーダーの役割を果たせるようになりました。

今、あなたには「なりたいリーダー像」はありますか。そのリーダー像はどのようにしてつくられたのでしょうか。

大事なのは「自分がどんなリーダーになりたいか」ではなく、「チームのために、自分は何ができるのか」という視点です。

なぜでしょうか。

「自分はこんなリーダーになりたい」と考えているうちは、意識の矢印が自分に向いているからです。

「だれもが理想というリーダーになりたい」というのは、「自分がみんなから理想と言われたい」ということなのです。

「ああはなりたくない」と思ったリーダーを反面教師にするのも、「自分が部下から、あんなリーダーは嫌だと言われたくない」と思っているからです。全部自分のことしか考えていなかったのです。

でも、「チームのために自分は何ができるのか」という視点になれば、自ずと自分のやるべきことが見えてきます。そして、その積み重ねが自分らしいリーダーシップにつながっていきます。

自分の持っている「リーダーシップ」に対するイメージにとらわれる必要はありません。自分がどんなスタイルをとっていけばよいのか、それは、あなたのチームメンバーが教えてくれることなのです。

Tips

「チームのために何ができるのか」という視点で考える

なぜ自分が選ばれたのか理由を聞いてみよう

「自分のことは自分が一番よく知っている」と思いがちですが、実は自分では見えていないことがたくさんあります。自分では「大したことないよね」と思っていても、他人から見たら「すごい」と思われていることもあります。

「なぜ自分がリーダーに選ばれたのか」を知ることは、自分では気づいていなかった自分を知るチャンスです。

私が最初にこのことに気づいたのは、転職活動をしているときでした。もともと求人の少ない職種で、37歳という年齢。転職活動は容易ではなく、やっと希望に近い求人があっても書類選考で落とされる…。そんなことが何回も繰り返されました。初めて面接まで進むことができたとき、「この会社は自分のどこに興味を持ってくれたのだろう?」と思いました。それで、面接の最後に「何か質問はありますか」と聞かれたとき、思い切ってこう聞いてみました。

「これまで書類選考で落とされてきたので、こうして面接をしていただけて、とても嬉しかったです。差し支えなかったら、面接に呼んでくださった理由を教えていただけませんか？」

「ちょっと会ってみようか」と思われる何かがあったのなら、それは自分のセールスポイントになるかもしれないと思ったからです。

「私のいいところはどこ？」なんて、たとえ家族でもなかなかできない質問です。かなり恥ずかしいですよね。でも、この面接の結果がダメでも、次に進む何かを得たかったのです。

面接官の方は、「経歴とか、お持ちの資格とかを見て、どんな方なのかなと思ったんですよ。やはり実際に会ってお話ししないとわからないことがありますしね」と快く答えてくれました。

そして、私の「ほめポイント」をいくつかあげてくれました。少し照れ臭かったのですが、聞いてよかったと思いました。

課長職の昇格試験を受けるように部長から言われたとき、「部長は私のことを過大評価しているのではないか」と思いました。でも、どんな理由で推薦してくれたのか、部長は直接私に教えてくれました。

たとえば、私は仕事をひとりで抱え込んで他人とあまり関わらないタイプだと思っていましたが、部長は「新入社員が入ってきたとき、テキストをつくってよく面倒を見てくれたし、他の部門の人たちといい関係をつくって仕事を進めることができているでしょう。あなたは自分が思うより人と協力して仕事ができるタイプなんだよ」と言ってくれました。

自分のいいところを教えてもらうのは、何となく恥ずかしいものです。でも、否定せずに相手の言葉をそのまま受け止めてみてください。

また、「面倒見がいいからだよ」というような、ざっくりした答えが返ってきたときには、「たとえば、何を見てそう思ってくださったのですか？」と質問して、具体的にそう思った場面を教えてもらうといいですね。そうすると、「そういうところが評価されたのか」と、自分の中で「納得感」が生まれます。

あなたが選ばれるのには、ちゃんとした理由があります。

私自身も、メンバーを上に推薦する立場に立ってみてわかりましたが、会社は「順番だから」「年齢だから」「男性だから」「女性だから」というような理由では選んでいません。仕事ぶりや人となりなど、しかるべき理由があって選んでいます。

ですから、なぜ自分が選ばれたのか、何を評価してもらえたのか、遠慮せずに聞いてみましょう。上司は喜んで教えてくれると思います。もちろん、あなたの存在を認めてくれていることへの感謝は、忘れないようにしましょう。

Tips

自分のいいところを教えてもらおう

「あのときリーダーになっていれば」と後悔している女性も

物流関連の会社に勤めるYさんは、落ち着いたたたずまいの50代女性です。「仕事も覚えて自分で動けるようになってきた20代後半から30代にかけては、仕事をするのが楽しくてしかたがなかった」と言うほど、充実した日々を過ごしていました。

片時も電話を手放せないほどの激務でしたが、成果を出したときの喜びは大きく、やりがいを感じていたそうです。

「でも、ひとつだけ後悔していることがあります」とYさんは言います。

実は、Yさんは30代前半のとき、課長職への昇格試験を受けるチャンスがありました。でもYさんは戸惑いました。

「当時の私は、まだ若すぎる、〝課長職なんて早すぎるのではないか〟と思っていました。上司から昇格試験を受けなさいと言われて受けたのですが、私の態度が曖昧だったせいでしょうか、結果は不合格でした」

1回目の試験は不本意な結果に終わってしまったYさん。もう1回、チャレンジするという話もあったそうですが、推薦してくれた上司が異動してしまい、昇格のチャンスは遠ざかってしまいました。

その後、40代になってから、上司が何度か昇格試験に推薦してくれましたが、すでに同年代の男性が課長を務めており、「ポストに空きがない」という理由で、試験すら受けることができませんでした。

「結局、30代から今までずっと、『担当者』としての仕事です。とはいえ、経験は長いから上位職の仕事を肩代わりすることもあり、仕事の内容と役職の不一致を感じることもあります。また、取引先にも対等な立場でものが言えません。相手は同年代か年下ですが、私に管理職の肩書がないから相手にしてくれないのです。こういうことは、若いときには想像できなかったことでした。同期で入社した男性は、もう部長になっています」

Yさんは、悔しさとあきらめが混ざった表情を浮かべながら、そう話してくれました。

「管理職になると残業時間は増えるのに、残業代はつかないから割に合わないという声をよく聞きます。でも、ずっと割に合わないままではないと思います。お金の面だけでなく、仕事の内容においても、指示された仕事をし続けるのかそうでないかで、仕事に対するモチベーションは変わってきます。30代で昇格試験を受けたとき、自分にはまだ早いなどと思わず、もっと準備をして臨めばよかったですね。20代から30代は、バリバリ実務をこなして、そのあとは管理職になって後方支援するというのが、自分にとっては理想的なキャリアだったのかもしれません」

Yさんの今の仕事は、会社の経営数字を扱う重要な仕事です。新しく覚えなければならないこともあるそうですが、やりがいは感じていると言います。

最後に、Yさんは20年前の自分のように、「昇格なんて、私にはまだ早すぎる」と思っている方へ、こんなメッセージを寄せてくれました。

「**『管理職になれたらもうけもの』というくらいの気持ちで、気負わずに考えてみたらいい**と思います。実力はあとからついてきます。少し背伸びするくらいがちょうどよいのではないでしょうか」

Tips チャンスとタイミングを大切にする

役割が変わると「弱み」が「強み」になることも

自分は「強み」だと思っていても、人から見たら「ただの独りよがり」だったということもあります。逆に、自分が「弱み」だと思っていることも、役割が変われば「強み」に変わることもあります。

ＩＴ関連企業の総務部門で採用、新人育成などの仕事をしているＫさんは、もともとはシステムエンジニアとしてキャリアを積んできました。

プロジェクトごとにシステムの設計・開発、テスト、納品といった一連の仕事に最初から最後まで関わり、プログラミングやテスト、問題解決などを行う仕事です。

ところが、Ｋさんはそういう、自分に割り当てられた業務に集中するような仕事の進め方が得意ではありませんでした。

「仕事をしていても、『この人、最近ちょっと元気がないな』というように、ついまわりが気になってしまうのです。そういうところが自分の弱点だと思っていました」

Kさんは1人目の子どもの育児休業から時短勤務で復帰すると、それまでのようなひとつのプロジェクトに最初から最後まで関わる働き方ではなく、社内で複数動いているプロジェクトで手の足りない仕事へスポット的に入って手伝う働き方に変わりました。

社内のいろいろなプロジェクトで、さまざまな社員と話をして仕事をするうちに、「私はひとつのプロジェクトで、最初から最後までをいつまでに完成させるといった仕事より、いろんな人と話をしながら進める仕事のほうが好きかもしれない」と感じたそうです。

2人目の子どもの育児休業から復帰するとき、Kさんは「たくさんの人と関わる仕事のほうが好きかもしれない」という自分の気持ちを上司に伝えました。

すると、「ちょうど総務の人員を補充しようとしていたところだから、総務で採用の仕事をやってみては?」と提案されたのです。「他人に関心がないと採用業務はできないから」と上司は言ってくれました。

総務に異動し、採用、新人育成の仕事をするようになって学生たちと接する中で、Kさんは自分に対する見方が変わったことに気づきました。

システムエンジニアをしていたときには、「まわりの人のちょっとした変化が気になって、ひとつのことに集中できない」というのが自分の「弱み」だと考えていました。ところが、採用や新人育成の仕事に変わってからは、「まわりの人のちょっとした変化が気になる」というのが「強み」になったのです。

「インターンシップで来た学生十数名と一緒に仕事をしながら、この子はこれが得意そうだなとか、この子はここでつまずいているなとか、この子はうちの会社に合っているかもと観察し、その子に合った声かけをしています。そうした関わり方をした結果、うちの会社に入社したいと言ってもらえて、実際に内定が出るところを何度か見ました。そういうときは、やりがいを感じます」

「強み」と「弱み」はコインの裏表のようなもの。これまで**「弱み」だと思っていたことも、役割や置かれる状況が変わったりすると、「強み」に変わります。**大事なのは、「弱み」だと思うことにダメ出しをしないこと。克服しようとするのではなく、「どう活かすか」を考えるようにしてみてください。

Tips

弱みを活かせる方法を考える

「どちらも手に入れる」って考えると解決策が見えてくる

「二兎《にと》を追うものは一兎《いっと》をも得ず」と言われますが、本当でしょうか。

勉強もすごくできるのにスポーツも得意で、部活動で全国大会まで出場してしまうほどの人がいたり、仕事がバリバリできるのに趣味もプロ並みの人がいたり、二足のわらじどころか、三足も四足もわらじを履いている人がいたり……。

あなたのまわりにも、「あの人はどうしてあんなに何もかも手に入れているのだろう？」と思うような人がいませんか。

「でも、あの人は特別だから」
「あの人には才能があるから」

もしもそんな言葉が頭をよぎったら、「思考停止」しているサインです。「○○だからできない」と考えると、本当にできません。なぜなら、「できないこと」が前提になっているからです。「できない理由」というより「やらない理由」を並べて、自分の可能性をあきらめてしまうのは、もったいないと思います。

「○○か、△△か、どちらかだけ」と片方をあきらめるのではなく、「○○も、△△も、どちらも！」のように、両方を手に入れてはどうでしょうか。せっかく一度きりの人生なのですから、欲張りになりましょう。

実際、「二兎」を得ることはできると思っています。

そのためには、

「できるとしたら？」「どうしたらできるか？」「そのためには何をする？」と、自分に問いかけてみてください。するど、必ず「できるようになるためのアイディア」が出てきます。

以前、メジャーリーグで活躍する大谷翔平選手のドキュメント番組をやっていました。大谷選手といえば、ピッチャーとバッターの「二刀流」、しかもどちらのレベルも超一流ですよね。「才能」で片づけるのは簡単です。でも私は、ドキュメント番組で語られていた多くの言葉に、「二兎を得る」ためのヒントがあると思いました。

大谷選手は「プロになるとき、ピッチャーかバッターか、どちらかを選ぶというのは嫌だった。どちらもやることで2倍楽しんでいる」と話していました。そんな大谷選手は、子どものころから、野球の指導者である父親から「楽しくやるためには、どうしたらいいかを考えなさい」と言われていたそうです。

できなかったことに対して、「なぜできなかったのか?」と考えるのではなく、「どうしたらできるようになるか」という視点です。結果が出ずに悩んでいたときも、「自分でだめだと思うことはなく、うまくなるためにどうすればいいか」を常に考えていたと言います。

そのような視点で考えると、たとえば「うまくできている人に教わろう」というような、具体的なアイディアが出てきます。実際、大谷選手はメジャーリーグに移籍したあと、成績が振るわなかったときに、同じくメジャーで活躍していたイチロー選手を直接訪ねて、アドバイスをもらい、浮上するきっかけをつかんでいます。

「どうしたらできるか?」という問いは、「できること」が前提なので、出てきたアイディアがどんなに小さなことだったとしても、うまくいく未来につながっていく第一歩になります。

あなたが今、リーダーになることによって、「プライベートが犠牲になるのでは…」というようなネガティブなイメージを持っているとしたら、「仕事かプライベートか、どちらか」という視点になっているかもしれません。

どちらかを犠牲にするのではなく、「どちらも楽しむには」「どちらも充実させるには」「どちらもうまく進めるには」という視点でとらえてみましょう。

「やることがたくさんあるのは、すごく幸せなこと」

これは大谷選手が番組の中で語った言葉ですが、本当にその通りだと思います。「やることがたくさんある」のは、確かに大変です。でも、人生の中で考えると、「やることがたくさんある時期」というのは、実はとても限られた期間です。

「どちらかを選ぶ、どちらかをあきらめる」というような「対立」で物事を見るのではなく、「どちらも手に入れよう。そのためには？」と考えてみると、楽しみは2倍にも3倍にもなるでしょう。

Tips 「どうしたらできるか？」を考えるとアイディアが出る

「育児中」「介護中」「勉強中」…いろんなリーダーがいてもいい

「リーダーの立場になると、残業時間が増える」というイメージを持つ方が多いかもしれません。確かに、私が課長になったころは、残業が増えるだけでなく、休日に会議や研修が行われることもありました。月曜日の午前中に行われる経営会議のために、土日に出勤して資料を準備するような部署もありました。

私自身も長時間労働が常態化していましたが、今振り返ってみると、やらなくていいことをやっていたなと思います。

遅くまで仕事をしていると、「これもやっておこうか」「あれもやっておこうか」と気づいてしまい、自分でどんどん仕事を増やしていたのです。誰かに任せることもしませんでした。時間さえかければできたからです。でも、これはとても生産性の低い仕事の進め方だったと思います。

たとえば、子育て中で時短勤務をしている人など、「時間に制約のある人」の仕事は生産性が高いとよく言われます。

通信系の会社に勤めるYさんは育児休業を終えると、1日6時間の時短勤務で職場復帰しました。仕事を終えたら、すぐに保育園に走らなければなりません。6時間という限られた時間で成果を出すために、Yさんは2つのことに取り組みました。

ひとつは「仕事で関わる人たちとよい関係をつくること」、もうひとつは「やらなくていい仕事をやめること」でした。

当時、Yさんは管轄下の35の現場部門に指示を出す統括部門で仕事をしていました。以前は現場の事情を考えず、上から押しつけるような形で指示を出していましたが、職場復帰後は、先に現場の事情を聞くようにしたそうです。

「今この仕事をお願いすることで、負担が増えませんか?」と、Yさんが自分のほうから歩み寄ることで、現場の人たちの態度は変わってきたそうです。

こうして現場の人たちとよい関係をつくったことで、仕事が進めやすくなっただけでなく、子どもの事情で急に帰らなければならないことがあっても、現場の人たちが協力をしてくれるようになりました。

さらに、Yさんは前任者から引き継いだ仕事の効率アップにとりかかりました。
前任者は毎月20～30時間の残業をしており、「この仕事、結構大変だよ」と告げました。Yさんは、その仕事の中身を見て、「なぜこんなやり方をしているのだろう?」「これは、やらなくてもいいのではないか?」と疑問を持ちました。そこで、「やらなくてもいい」と思ったことは、どんどんやめました。すると、残業ゼロで前任者と同じ成果を出すことができたのです。

限られた時間の中で仕事をするには、生産性を上げる必要があります。**生産性を上げるコツは、「エンジン全開でしゃかりきになってやる」のではなく、「やらなくていい仕事をやめること」**です。

これからは多様な働き方が増えてきます。時間に制約のある人は、育児や介護中の人だけではありません。学び直しで学校に通う人やボランティア活動に参加する人など、勤務時間以外の時間の過ごし方も多様化しています。

私自身も、定時退社後に3年間、大学の夜間コースで勉強をしながら仕事をした経験があります。会社や上司の理解があったおかげで続けられたのですが、突発的な仕事を減らすために先手を打って対応したり、「今やらなくてもいい仕事」は思い切ってやめたりして、時間内に仕事を終わらせていました。

チームのメンバーだって、ダラダラといつまでも居残っているリーダーのもとで働くより、定時内で仕事を終える、メリハリのある働き方をするリーダーのもとで働くほうが嬉しいはずです。働き方が多様になっていくこれからの時代、「育児中」「介護中」「勉強中」など、いろいろなタイプのリーダーがいてもいいと思います。

Tips

「やらなくていいこと」をやめる

人のために発言できる

土木会社で専務を務めるKさんは、32歳のときに経理部の見習い社員として入社しました。当時、社員20名中、女性はKさんただ1人でした。

入社してから2年7か月が経ったとき、彼女は「明日から係長ね」と社長から言われました。自分は係長になれるとも、なろうとも思っていなかったそうですが、社長の言う通り、翌日から係長になりました。

その後、建設業に関わる資格取得にも励んだKさんは、38歳のとき経理部の部長に昇格しました。

部長になって3年半が経ったときのことです。当時の専務から「採用面接に立ち会ってほしい」と言われました。経理担当社員の採用かと思っていたら、会議室に入ってきたのは「現場監督になりたい」という女性でした。

「その女性は、『勤めている建設会社で現場を手伝ううち、みんなで工事を完成させたときの達成感が忘れられなくて現場監督になりたいと思うようになった』と言うのです」

Kさんは、この女性に好感を持ちますが、現場を手伝うのと、自らが指揮を取るのとではまったく違います。

そこで、この女性に「男性ばかりの現場で本当にやっていけますか。女性で得をすることは何ひとつないけれど、それでもやりますか」と質問しました。すると、女性は「やりたいです」と答えたそうです。

面接を終えたあと、Kさんは専務に「彼女が現場監督の仕事をできるかどうかわからないけれど、この地域で彼女の夢をかなえることができるのは、当社しかありません。どうか彼女を採用してください」と頭を下げました。この女性は念願かなって現場監督として採用されました。

「部長になっていたからこそ、彼女の夢を応援できた。私はこのとき、人のために発言できる管理職っていいなと思った」と言います。

Kさんの話を聞いて、「管理職」への印象が変わったという人たちがいます。

エレクトロニクス関連の材料メーカーに勤めるSさんは、「管理職はメンバーの仕事を理解して進捗をまとめあげ、管理をする人」というイメージを持っていました。今は、「管理職は、人の人生にいい影響を与えることができる役割。一緒に働くメンバーの幸せを考え、やりたいことを後押しできる管理職になりたい」と考えています。

化学品メーカーに勤めるＨさんとＡさんは、「自分たちは職場の課題に対して何ができるか」を考えようと、社内でヒアリングを実施しました。そこで感じたのは、長年同じ職場で同じ仕事を続けているベテランの女性社員が多いことでした。

「彼女たちは『今さらあがらなくても…』と言いますが、もっと力を発揮できるよう、ひとつでも上にあがってほしい」とＨさんは感じています。

「ヒアリングを通して、会社をよくするためにやってみたいアイディアが湧いてきた」というＡさんは、「管理職は責任が重く、辛いことの多い役割だ」と思っていました。でも今は、「何かを変えたいなら、管理職になったほうが改革しやすいし、人のために動くことができる」と前向きに考えています。

第2章

王道だけどメンバーをよく知ることから始めよう

・・・

まずはチームメンバーである相手に目を向けてみましょう。
メンバーが何を考えているのか、何に困っているのか、
どうなりたいと思っているのか。
それを知ることで、あなた自身の中に
「こんなことをしてみよう」というアイディアが
生まれてきます。

「相手」の話を聞くことから始める

リーダーというと、「ビジョンを掲げる人」というようなイメージがあります。ワクワクするようなビジョンを示されると、「ついていこう」という気持ちになりますよね。あなたは「自分もそうした立派なビジョンを示さなければならないのでは…」と不安に思っていませんか。

あるいは、今まで「こうしたらいいのに」と思っていたことを実現するチャンス、と前向きに考えている方もいるかもしれませんね。

「私たちが目指す世界はここ！」と指し示す姿はカッコイイですが、独りよがりになってしまう可能性もあります。チームのビジョンはリーダーであるあなたのものではなく、チーム全体のものです。

だから、**大事なのは自分の思いだけで決めるのではなく、チームのメンバーそれぞれが、**

何を考えているのかを知ることです。

私はもともと、自分が部下の立場だったときに「こうしたらいいのに」とか、「どうしてこんな方針なのだろう」と思うことがいくつもあり、改善したい気持ちでいっぱいでした。それで、自分がリーダーになったとき、自分の「こうしたい」という思いを前面に出してチームづくりを進めました。

具体的に言うと、私は「もっと助け合い、学び合うチームにしたい」と思っていたので、そのための仕組みをつくったり、今までの仕事のやり方を変えたりする取り組みを進めたのです。

ところが、思うように進みませんでした。自分の熱意だけがカラ回りしていたのです。

「言いたいこと、やりたいことはわかるが、そのために新しい仕事が増えるのはイヤだ」

これがメンバーの本音でした。

私はみんなにとって「迷惑な熱血リーダー」になっていたのです。なぜそうなってしまったのでしょうか。それは、私がチームメンバーの話を聞かずに、自分の思いだけで突っ走ったからです。

似たような話を、いつもお世話になっている美容師さんから聞きました。

その美容室を運営する会社の社長は、「ウチで働く美容師は、将来は独立して店を持つ」という目標を掲げていて、美容師一人ひとりとは「社員」としてではなく、「プロ」として接していました。そのため仕事のスタイルも進め方も、美容師の裁量に任せていました。

ところが、社長が変わった途端、方針が大きく変わったそうです。業務日報の書き方に至るまで、事細かにルールが決められました。

きっと新しい社長には社長の考えがあったのだと思います。でも、急に「これからこのようにします」と言われても、納得できない人も多かったのでしょう。私を担当してくれている美容師さんを含めて、数人が店を辞めていきました。

「経営者が変われば方針が変わるのは理解できるけれど、**いろいろ変える前に、現場の私たちの話を聞いてほしかったな**」と言う美容師さんの話を聞いて、私はかつての自分のことを思い出していました。

リーダーだからといって、自分が何もかも背負い込む必要はありません。ビジョンだって、自分だけで考える必要はありません。会社のビジョン、部門のビジョンを受けて自分のチームのビジョンをつくるというのが通常の流れですが、「会社のビジョンがこうだから」「部門のビジョンがこうだから」だけでは、メンバーはやらされ感しか持たないでしょう。繰り返しますが、**大事なのは「話を聞くこと」**です。

私は、その次に任されたチームでは、メンバー一人ひとりの話を聞くことから始めました。「今困っていることは何なのか」「あなたはどうなりたいのか」などをそれぞれ聞いていくと、自然と目指す方向は見えてきます。

とにかくひとりで悩まず、まわりにいるメンバーの話を聞くことから始めてみてください。

Tips

ビジョンはメンバーと話をしてつくる

無意味だと思っている仕事をやめる

前項で、チームメンバーの一人ひとりと話し合うことが大事、という話をしました。よく知らないメンバーはもちろん、今まで一緒に仕事をしてきてよく知っている人であっても、時間をつくって一人ひとりと話をするようにしましょう。

といっても、面談のような堅苦しい感じではなく、「いろいろ教えて」とざっくばらんに聞くのがおすすめです。聞く内容も、**困っていること、疑問に感じていることなどから聞いていく**のがよいですね。いきなり「あなたはどうなりたい？」「どうしたい？」と聞いても、答えられる人は少ないからです。

困っていることや疑問に感じていることでも、面と向かっては言いづらいこともあるかもしれません。そのため私は、「なぜこうなっているのだろう」と疑問や違和感を覚えたことをまとめておいて、話のきっかけをつくるようにしました。

そして、「これって、どうしてこんなことしているのかな。私は必要ないと思うんだけど…」と聞いてみると、「正直私もそう思っていました」と話し始めてくれるようになりました。

そのようにして話を聞いていくと、たとえば「私たち、毎日日報を印刷しているんですけど、これって本当に必要ですか。日報の確認ならデータでできるのに、捺印するためだけに印刷しているんです」というような、具体的な話が出てきます。

こうして聞き出した、困っていること、疑問に思っていることをリストにまとめ、「みんなからこんな意見が出たけれど、他に追加があったら教えて」とメンバー全員に共有します。

そのうえで、現地や現物を一緒に見るようにしました。みんなが言うように、本当にムダだと思う仕事もあれば、多くの人はムダだと考えているが、やらなければならない仕事もあるからです。

そのときも、「これはやらなければならないよ」と伝えるだけではなく、「どういうところがムダと感じたのか」を聞いたうえで、自分の考えを説明するようにしました。

全員が無意味だと思っている仕事をやめると、それまでその仕事に使っていた時間が空きます。それを、業務の改善やチームの成長のための時間に使うようにしました。すでにやめた仕事があるので、チームで新しい取り組みを始めても「仕事が増えた」という感覚にはならなかったようです。

今はＩＴ技術の進化やオンライン化など、仕事を取り巻く環境はどんどん変化しています。少し前までは必要だったとしても、現在は不要になっているものもあるはずです。惰性で続けているルーティンワークは、当事者にとっては気づきにくいものです。新任のリーダーとなり、**第三者の視点を持っているうちに、「これって、なぜこうしているの」と気軽に聞いてみましょう。**

あなたが自分のリーダーとしてのカラーを出していくきっかけにもなります。

Tips

新しいことを始める前に、いらない仕事をやめる

みんなが無意識に我慢していることを一緒に解決

困っていること、疑問に思っていることをヒアリングしても、表面に出てこない問題もあります。

「実は困っている」ことに気づいていなかったり、最初から「こんなものだ」と思っていて、問題として認識していなかったりすることがあるからです。

私の受け持っていたチームは、工場内の設備を点検する仕事をしていました。あるとき担当メンバーと一緒に現場へ行くと、彼が「ちょっと脚立を持ってきます」と言って、少し離れた場所に脚立を取りに行ったのです。

これから点検する場所は少し高い場所にあって、脚立がないと行かれないと言うのです。その場所は2週間に一度点検している場所でした。

「毎回脚立を持ってきて点検しているの?」と聞くと、「そうです」と返ってきました。

「階段か固定のハシゴをつければ、毎回脚立を運ばなくてもよくなるよね」と私が言うと、彼は「そんなこと、できるんですか？」と逆に質問してきました。

たしかに、階段やハシゴをつけるには費用がかかりますから、会社に承認してもらう必要があります。でも、申請もしないうちから、彼は「できない」と決めつけていたのです。

こうした「本当は我慢していること」というのは、探すといろいろと出てきます。

あるＩＴ関連企業のプロジェクトリーダーは、客先の現場に常駐しているメンバーから「本当はちょっと我慢していること」を集めてみたそうです。

すると、「イスの背もたれからいつもコートがずり落ちて汚れてしまう」「いつも冷えたお弁当を食べている」などが出てきました。そこで、資料を入れていたロッカーをメンバー用のロッカーにしたり、電子レンジを購入したりしました。とても喜ばれたそうです。

「ちょっと困っている状態」「ほんの少し我慢している状態」も、慣れてしまうと「まあいいか」とあきらめてしまいがちです。

でもそうした**小さな不満も積み重なっていくと、やがて大きな不満になったり、仕事に対するモチベーション低下につながっていきます。**あなたの目から見て、「もっとこうしたらよくなるのでは？」と思うことは、どんどんメンバーに伝えましょう。そして、業務改善のネタとして取り組んでもらいましょう。

たとえば、先の「毎回脚立を持ち運んで点検していた場所」については、そのときの彼に頼んで改善策を進めてもらいました。

階段をつけるとしたら、どこにつけるといいのか案をつくり、工事会社に見積りを取り、決裁書をつくり、発注から工事の完了まで仕事としてやってもらいました。

他にも、「こうしたらもっと効率がよくなる」「もっと安全に作業ができるようになる」といった内容は、同じように案をつくるところから対策を完了するまで、基本的には言い出した人が担当する形で進めるようにしました。

メーカーでは改善業務は成果になるからです。メンバーからどんどん提案が出てくるようになるという効果もあります。

人は思った以上にいろいろなことを我慢しています。不満や不便のすべてに対応できるわけではありませんが、大事なことは**「何でも言っていいんだ」という雰囲気をつくる**ことです。

Tips

小さな不満の解消を仕事としてやってもらう

自分の目・耳・足で現場を知る

メンバーの話を聞くとともに、自分自身の目・耳・足を使って、現場を歩きましょう。私にとっての現場は、工場や工場周辺の地域でした。あなたにとっての「現場」はどこでしょうか。

店舗の場合もあれば、客先ということもあるでしょう。しょっちゅう出かけられない方もいると思いますが、現場を知る方法はあります。たとえば現場で働いている人の生の声を聞いたり、出張で出かけたとき「少し見せてください」と頼んだりできるかもしれません。

また、実際に現地に行かなくても、「何があるのか、何が起きているのか」の情報を集めることはできます。大事なのは、**他人からの情報だけで判断するのではなく、自ら「事実」を知ろうとすること**です。

なぜなら、「困っている」「疑問だ」「ムダだ」というのは、すべて他人の考えだからです。あなた自身が同じ状況を見て同じように考えるかは、わかりません。

たとえば、私もメンバーから「この機械の温度は、モニターで確認できますから、わざわざ現場の温度計で確認する必要はないと思います」と言われたことがあります。

でも、モニターに表示されている温度が正しいとは限りません。現場でなければわからないこともあります。実際にメンバーと一緒に現場を見に行き、温度計の位置を確認したり、モニターに表示されている温度と現場の温度計が表示している温度の差を確認したりしました。そのうえで、私の考えを説明すると、メンバーも納得してくれました。

「とても作業しづらい場所がある」というメンバーと一緒に、天井裏にもぐりこんで作業したこともあります。**一緒に現場を歩き、一緒に汗を流すことで信頼関係ができました。**

とくに、中国で仕事をしたときには、現地で一緒に働いた中国人から「座って指示を出すだけの人は現場をわかっていない。でも、あなたは現場をよく知っているから安心できる。そのかわり、僕たちはごまかすこともできないけどね」と言われました。

誰かの視点で切り取られた出来事を鵜呑みにするのではなく、できるだけ自分で「生の情報」を取りましょう。それが信頼されるリーダーになるための第一歩です。

Tips

「生の情報」を自分から取りにいく

質問を受け、メンバーの関心事を知る

メンバーに仕事の内容や進め方などを教え、成長をサポートしなければならない立場なのに、そもそも人に教えるのが得意ではない…。そんな悩みを持つ方もいます。あなたは、いかがですか。

「教えるのが得意ではない」と思うとき、「正しいことを伝えなければ」と、どこか身構えていることが多いものです。

「リーダーだから教える立場にならなければ」とリキむ必要はありません。むしろ、**「教える」というより「部下からの質問に答える」**という形で接してみましょう。

おすすめなのは、あなた自身の経験を伝えることです。それも「武勇伝」ではなく、失敗談や自分の弱みだと感じていることを材料にするとよいですね。

チームで自分の失敗談や弱みを話したりすると、この人がリーダーで大丈夫かと思われるのではないか、なめられるのではないか、と不安に思うかもしれません。でも、実はその逆で、「この人もこんな失敗をしたんだ」というのがメンバーにとっては安心材料になります。

第1章の26ページでお話ししたように、リーダーはそれなりの理由があって選ばれています。自信を持ってよいのです。

ただし、失敗をどう乗り越えたのか、という話にすると、「武勇伝」になってしまいます。「こんな失敗したことがあって、落ち込んだんだよね」「客先から、担当を変えてくれって言われちゃったことがあってね」というように、**何があって、どう感じたのか、に焦点をあてて話しましょう。「話し過ぎない」のがポイント**です。

すると、相手から「それからどうなったんですか」「どうやって立て直したんですか」というように、たずねてきます。その質問に答える形で話を続けていけばよいのです。

このとき、**どんな質問をしてくるのかによって、相手が何を知りたいと思っているのかが見えてくる**ようになります。

たとえば、Aさんは仕事のスキルに関する質問をよくしてくるとか、Bさんはメンタル面に関する部分に関心がありそうだとか、質問を通して各メンバーが何に関心があるのか、何が気になっているのかを知ることができます。

あるいは、あなたが何気なくやったことに対して、「それ、どうやってやるんですか」と聞かれたことはありませんか。

そんなときこそ、気楽に教えるチャンスです。仕事以外のことでも構いません。聞かれたことを教えてみましょう。それで相手ができるようになっても、ならなくてもいいのです。

大事なのは、メンバーとの「接点」をつくることです。

「この人は、こんなことが知りたいんだ」「こんなことができるようになりたいんだ」ということを知ることができれば、それでOK。

こうしたやりとりをするうち、あなた自身も「教える」ことに対して、自信を持てるようになります。

Tips

「質問に答える形」で接点を持つ

積極的に教えてもらって各メンバーの「得意」を知る

人に頼るのが苦手。そんな悩みを持っている方もいるのではないでしょうか。私も人に頼れないタイプです。

チームメンバーに仕事を任せなければならないと頭ではわかっていても、なかなか任せられませんでした。すぐに「これくらい自分でやっちゃおう」と思って、自力で頑張ってしまいます。その心の底には、「面倒なことを頼んで嫌われたくない」という気持ちがありました。

そういう気持ちを捨てきれない自分が嫌になったこともあります。マインドセットを変えろと言われても、急には変えられません。

そこでマインドの問題にするのではなく、「何でも自力で頑張ってきた私は、人を頼ることに慣れていないいんだ」と思うようにしました。**慣れていないなら慣れればいい**のです。

まず行ったのは、「頼る経験」を重ねていくことでした。パソコンのちょっとした操作やスマホアプリの使い方などであれば、ハードルも低くなります。私は、「ネットでちょっと調べればわかるかな」と思っても、「これ、どうやるのかわかる?」と聞いてみるところから始めました。

その人の得意なことだったら、こちらも頼みやすいですよね。エクセルの操作が得意なメンバーに、「こんな集計が自動でできたらいいなと思っているんだけど、いい方法ある?」と聞いてみたことがあります。

すると、「できますよ。やっておきましょうか」と言ってくれたので、「じゃあ、お願いします」と素直に頼むことができました。

仕事の報告の中からでも、メンバーの「得意」を見つけることはできます。

たとえば、機械が故障してしまい、「これはメーカーに頼んで修理してもらうしかないかな」と思っていたのに、あるメンバーが自分で直してしまいました。それまでは、「直してくれて、ありがとう」で終わっていましたが、もう一歩踏み込んで、「どうやって直したの?」「どこに目をつけたの?」と聞いてみました。

すると、彼は修理のいきさつを詳しく説明してくれました。このように詳しく話を聞いていくと、着眼点が鋭い人もいれば、応急処置が得意な人もいるなど、それぞれの「得意」

が見えてきます。

あなたのチームメンバーも、いろいろな「得意」を持っているはずです。たとえば、「資料の色づかいのセンスがいい」「数値の入力がものすごく速い」「メンバーの話をまとめるのがうまい」というように。

本人が自分で得意だと認識していない場合もあると思いますが、**あなたが「上手だな」「すごいな」と思ったことは、忘れないうちにメモしておきましょう。**

メンバーごとに「得意なことリスト」をつくっておくのです。仕事に関することはもちろん、仕事以外のことでも、気づいたら書き留めておきます。

得意なことを把握していると、「あなたはこういう仕事が得意だと思うから、お願いできるかな」と頼みやすくなります。こうして「頼る経験」を重ねていくことで、仕事を任せる「土台」ができてきます。

なかなか頼れない、任せられないという方は、まず相手の「得意」を知り、小さなことでよいので、頼る経験を重ねてみてください。

Tips 「メンバーの得意なことリスト」をつくる

苦手なメンバーがいたら違う立場から見てみよう

仕事をしていると、「あの人、何となく苦手だな」と感じる人がいませんか。自分とは考え方が違っていたり、話がかみ合わなかったりすると、話しかけづらくて敬遠したくなってしまいます。

しかし、相手がチームのメンバーだと敬遠するわけにはいきません。そんなときにやってみるといいのは、心理学の手法のひとつで、人間関係の改善などに活用されている「ポジションチェンジ」です。

これは、自分と相手のポジション（立場）を入れ替えて「相手の立場に立って考える」ようにするワークです。ただし、「ポジションチェンジ」では頭の中で相手の気持ちを想像するだけではありません。**実際に自分の立つ位置や座る位置を変えて、自分以外の立場になりきります。**

■ポジションチェンジ■

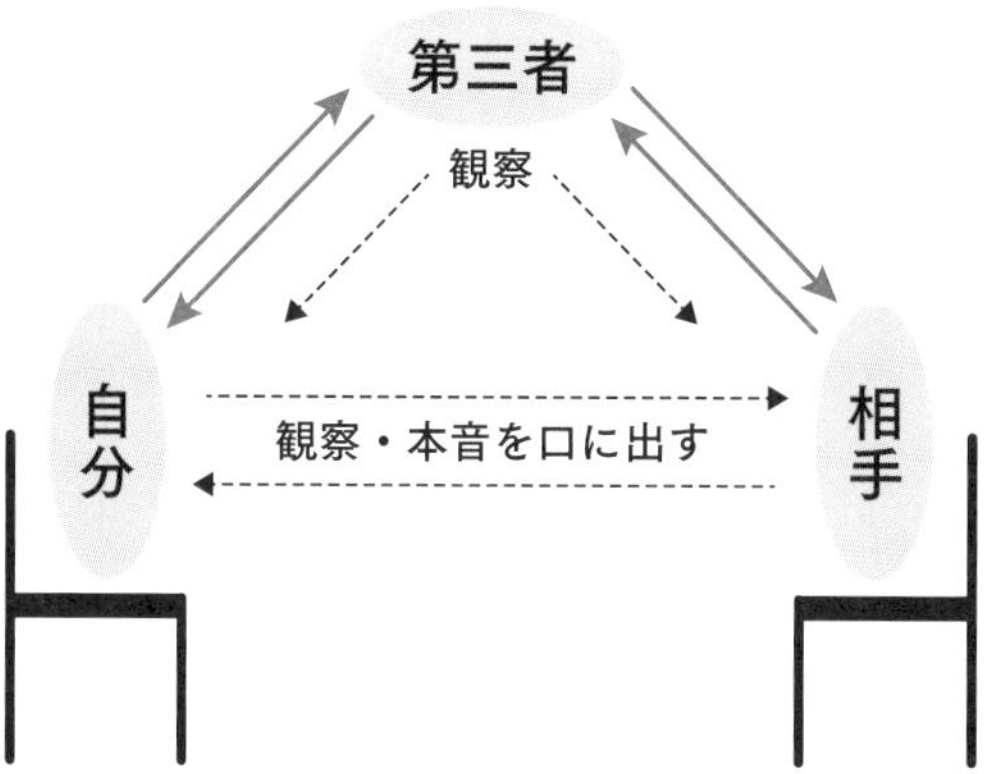

自分のかけていたメガネをいったん外して、相手のかけているメガネをかけて、相手が見ているものを見るというイメージに近いかもしれません。

私は中国で、あるスタッフと関係がギクシャクしたことがありました。そのときに、私はこの方法で自分の中にあった思い込みに気づき、彼への接し方を変えたことで、関係が好転しました。

やり方はとても簡単です。上図のように3つの位置を決めます。

まず、「ちょっと苦手だな。でも、関係を改善したいな」と思っている相手と向き合っている場面をイメージします。

目の前にいるその人は、どんな表情をしているでしょうか。本当に目の前にいるかのように、しっかりとイメージしたら、自分がその人に抱いている気持ちやわだかまりなど、本音を口に出してみます。

次は、自分自身が身体から抜け出るイメージをして、「第三者」の位置に移動します。実際に位置を変えることが重要なので、必ず移動します。そして、客観的に「自分」と「相手」、2人の関係性を観察します。「それぞれ、どんな状態だろうか」「先ほどあなたが相手に発した言葉は、第三者の立場から見てどう感じたか」を、口に出してみます。

その次は、「相手」の位置に移動し、相手の中に入り込むようなイメージをします。そして、「自分」の位置にいるあなたをイメージします。イメージの中のあなたは、どんな表情をしているでしょうか。よく観察したら、先ほど相手に言ったあなたの言葉を思い出してみます。その言葉を受け止めてみて、どんな気持ちがしますか。相手の感覚になりきって感じてみましょう。

そのうえで、目の前にいるあなたに伝えたいこと、感じていることを口に出します。このとき、**口調も姿勢も相手の真似をして、相手になりきって話すことがポイント**です。

本音を言いきったら、もう一度「第三者」の位置に移動し、「自分」と「相手」、2人の関係性を客観的に観察します。

最後にもう一度「自分」の位置に戻ります。「第三者」と「相手」の立場に立って得た新しい視点から、改めて目の前の「相手」との関係改善のために、自分からできる具体的な行動を考えます。私の場合は、気になっていた中国人スタッフになりきってみると、こんな言葉が出てきました。

「あの仕事、本当は僕がやろうと思っていたのに、やろうとしたら、もう先に進んでいて出る幕がなかったんです。ひとこと言ってくれればよかったのに」

このポジションチェンジによって、「私がやってきたことは彼にとっては余計なことだったのかもしれない。私じゃなくて、彼や他の人の成果にしてあげなければならなかったのだ」と気づくことができました。

自分以外の人が見ている世界を自分も見て感じ取ること。そこが苦手な人と向き合う第一歩です。

Tips

いろいろな視点で関係性を見てみる

いつもと違う行動をしていたら雑談に誘う

会社のレクリエーションで行われた球技大会があったときのことです。いつもは職場のみんなとワイワイしているAさんが、なぜかそのときは、ひとり離れてグラウンドの隅の木陰で電話をしていました。

表情から察するに、あまり楽しそうな様子ではありませんでした。

翌日も、その翌日も、昼休みになると席を外して、外で長電話をしていました。いつもは昼食から戻ると席で雑談をしていたのに、ちょっと様子が変です。何かあったのかなと気になりました。

仕事をしている様子はとくに変わりはありません。でも、「何かあったのかな」という目で見ると、いつもと比べて何となく表情が暗いように感じました。私はAさんの斜め向かいの席にいたので、時々Aさんがつく小さなため息が聞こえてくることもありました。

「元気ないように見えるけど、何かあった?」

そう声をかけようと思いながら、聞いていいものかどうか迷いがあって、なかなか声をかけることができませんでした。まわりに人がいる状況でもありましたし、「元気をなくした原因が私にあったらどうしよう」という気持ちもありました。

それから数日後、Aさんから「ちょっといいですか?」と声をかけられました。会議室で2人きりになると、Aさんはポツリポツリとプライベートで起きた問題を話してくれました。

「そうだったんだね。最近元気がない様子だったから、何かあったのかと思っていたんだよ」

私はそう言いながら、なぜもっと早く言えなかったのだろうと後悔しました。自分から「ちょっといいですか」と切り出すのは、きっと勇気がいったことでしょう。何よりも、数日間辛い気持ちをひとりで抱えていたのだと思うと、「おかしいな」と思ったそのときに声をかけていれば、少しは力になれたかもしれません。

心配していても、声をかけなければその思いは通じません。とはいえ、いきなり面と向かって「何かあった?」とは声をかけづらいこともあります。まわりの目も気になります。

今から振り返ると、人がいなくなったのを見計らって声をかけるのではなく、「ちょっとこっちで雑談しよう」と誘って2人で話す場を設けたらよかったなと思います。

朝出社してきたときの挨拶の声や、朝礼で顔色を見るなど、各メンバーの様子を観察する機会は多くありますが、最近はリモートワークにより、様子を直接見る機会が減っている方もいるでしょう。

それでも、何かいつもと違った感じを覚えることはあるのではないでしょうか。たとえば、「いつもは即レスしてくるのに、最近なかなか返事がこない」「リモート会議で顔出ししなくなった」「チャットの文面が、何となくいつもと違う」というような、ちょっとした変化です。

「何となく様子が違うな」と思ったら、「少しだけおしゃべりしよう」と誘ってみてください。杞憂に終わるかもしれませんが、それならそれでよし。**「気にしている」ということを、言葉で伝えることは、意外に大事**なのです。

Tips

小さな違和感を覚えたら、言葉にして伝えよう

自分で決められるので問題を早く解決できる

会社によって違いはありますが、「リーダー」になると自分で決められることが格段に増えます。

予算に関していえば、動かせる金額に限りはあるとしても、実現させたいことのために予算を確保できるのは、リーダーという立場にあればこそです。

私が勤めていた会社では、課長職になると課の業務に必要な予算を出し、部内で調整のうえ、部の予算を会社に申請する仕組みになっていました。その中で、「人への投資」や「職場環境の改善」のために予算を申請するのが、リーダーの役割のひとつだと私は考えていました。

たとえば、「来期はスキルアップのために、メンバーのDさんには資格取得の講習を受けてきてもらいたい」と考えたならば、講習の受講費用や交通費などを予算に計上しておきます。こうすれば、「予算は取ってあるから、行ってきて」と背中を押すことができます。

職場の困り事を解決するのにも、費用が必要な場合があります。工具が足りなくて業務の効率が落ちているなら、工具を購入する予算を確保し、作業場に手すりがなくて危険な状態になっているなら、手すりを設置する予算を確保するなど、職場の困り事を解決するための予算をとるのは、リーダーの役割です。

「こうなったらいいのに」と思っても、権限がなければ提案するしかありません。それに、提案したからといって、実現するとは限りません。でも、自分に権限があれば早く実現させることができます。

それ以外にも、リーダーだからこそ自分で決められるようになることはたくさんあります。

たとえば、定時後に行われていたミーティングを定時内に終わらせるようにするとか、昔から何となく続いているけれど、何の目的かわからない業務を廃止するなど、自分の裁量で決めることができると、とても動きやすくなります。リーダーとしてのやりがいを感じられるところですね。

第3章

チームのために自分ができることを決めて動こう

・・・

リーダーとして責任が重くなることに対する不安を
感じる方は少なくありません。
私も判断や決断に自信がありませんでした。
「メンバーのために私にできること」を考え、
集めていくことで、自分らしいリーダーを
担えるようになっていきます。

自分のリーダーシップのタイプを知る

あなたにとって、「なりたいリーダー像」はどのようなリーダーでしょうか。第1章でも触れましたが、私は、リーダーとは「みんなを引っ張る人」「決断力のある人」「仕事ができる人」「イザというときに頼りになる人」といったイメージを持っていました。

あなたはいかがですか。

そうしたリーダー像は、どのようにしてつくられてきたのか考えてみてください。その時代時代に理想とされているリーダー像に影響を受けているかもしれませんね。

私の場合は、先ほどあげたような「強いリーダー」と自分を比べて、「あんなふうにはなれない」と思っていました。

ただ、私にとっては大学のときに学んだリーダーシップに関する理論「ＰＭ理論」が、自分の判断軸になっていました。ＰＭ理論とは、社会心理学者である三隅二不二先生によって提唱された理論です。

少し古い書籍ですが、三隅先生の『新しいリーダーシップ—集団指導の行動科学』（ダイヤモンド社）によると、「集団機能は大きく2つの次元に区別することができる」としています。

1つは集団の目標達成の機能である**「P機能」（Performance：パフォーマンス）**。もう1つは集団を維持し強化する機能である**「M機能」（Maintenance：メンテナンス）**です。

これら2つの機能の強弱により、リーダーシップを次の4つに分類しています。

Pm型：P機能（パフォーマンス）が強く、M機能（メンテナンス）が弱いPm型は「もっと早く」「遅いよ」「もっと正確に」など、メンバーを叱咤して成果をあげることに専念し、メンバーの気持ちに対する配慮が少ないタイプです。

pM型：M機能（メンテナンス）が強く、P機能（パフォーマンス）が弱いpM型は、集団を和気あいあいとしたものにするよう心がける一方、仕事の成果をあげることに対する関心は薄いタイプです。

PM型：P機能（パフォーマンス）もM機能（メンテナンス）も強いPM型は、仕事の成

■PM理論■

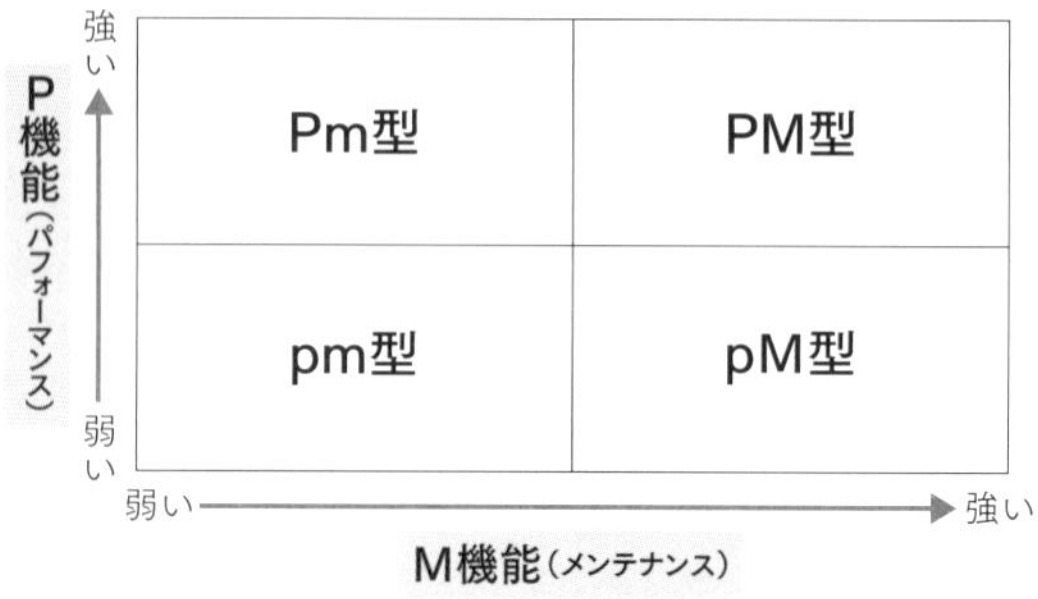

果をあげるためにメンバーに圧力をかける一方、メンバーを激励したり、人間関係に配慮したりするなど、集団の雰囲気を友好的なものにすることにも努力します。このＰＭ型リーダーのもとでは、集団の生産性は最も高くなり、「ＰＭ型は理想的なリーダーシップ」と言われています。

pm型：Ｐ機能（パフォーマンス）もＭ機能（メンテナンス）も弱いｐｍ型は、目標達成への関心も、メンバーへの関心も低いため、集団の生産性は最も低くなります。

あなたはどのタイプに近いと思いますか。

私自身はｐＭ型（メンテナンスが強く、パフォーマンスが弱い）だと自己診断していました。ですから、自分のチームが「仲良しクラブ」にならないよう、目標達成に向けて部下に働きかける（Ｐ機能を強める）ことが自分自身の課題だと考えていました。

Ｐ機能（パフォーマンス）を強めるといっても、鬼軍曹になるわけではありません。目標達成に導くやり方はさまざまです。「圧力をかける」といっても、キツイ言葉や態度でなくてもできるはずです。このＰＭ理論は、私にとって「すでに持ち合わせているもの」「これから強化すべきもの」を明確に示してくれるものでした。

さらに、職場全体を見渡したとき、自分がどの機能を強めに発揮するのかを決めるのに役立ちました。私が最初に管理職になった職場では、部長も、他のチームの課長もＰ機能が強いタイプでした。それなら私はＭ機能強めでいこうと思いました。

一方、中国で私と同じｐＭ型の課長を部下に持ったときには、私はパフォーマンスのＰ機能強めを意識しました。そうしないと、目標達成が危うくなるからです。

自分自身がＰＭ型を目指すことはもちろん大事ですが、職場全体でバランスをとるときにも、ＰＭ理論は役に立ちました。あなたのまわりにはどんなタイプのリーダーがいるでしょうか。ぜひ観察してみてください。

そして、あなた自身はＰ、Ｍどちらの機能を強化すればよいのか、あるいは職場全体の中では、どの機能を発揮したらよいのかを考えてみましょう。

Tips

ＰＭ型を目指しつつ全体のバランスも考える

まずは、どんな職場にしたいのかを考える

「理想のリーダー像」や「あるべきリーダー像」を目指して、努力していくのは大事なことです。でも、「自分がどんなリーダーになりたいか」よりも、もっと大事なことがあります。

それは、「どんな職場にしたいか」です。**自分がどれほど優れたリーダーになったとしても、それだけで「みんなが働きたいと思う場所」になるとは限らない**からです。第1章（22ページ）でも述べましたが、「自分がどうなりたいか」よりも、自分は職場の中でどんな役割を果たせるのかを考えてみましょう。

私の職場は男性ばかりでした。グイグイと力で引っ張るタイプのリーダーが多く、怒号が飛び交うことも少なくありませんでした。前項で述べた「P機能」（パフォーマンス）が強い組織です。競争の激しい業界だったからでしょうか、トップダウンの傾向が強い社

風でした。

私が管理職になった時期は、会社の業績も好調でしたので、毎年高卒の新入社員が3～6名職場に配属されていました。つまり、10代後半から20代前半の若い社員が多かったのです。

失敗が許されないようなピリピリした雰囲気の職場の中で、若い社員たちはいつもどこかオドオドしていました。


私が彼ら若手社員を含むチームを受け持つようになってすぐのころ、ある若手社員が仕事でミスをしました。部長に叱られてシュンとなっている彼を見て、私はとっさに「守らなきゃ」と思いました。

一方的に叱られていましたが、彼にも言い分があったかもしれません。ピリピリした緊張を解かせられる場が必要だと感じたのです。

部長や他の男性リーダーが、『北風と太陽』でいうところの「北風」だとしたら、私は「太陽」の役割を担おう。前の項で述べた「M機能（メンテナンス）強めのタイプ」です。そう決めたら、自分の取るべき行動がくっきりと見えてきました。

私はとくに若い人たちには、「失敗しないようにしよう」という消極的な気持ちで仕事に向き合ってほしくありませんでした。失敗して叱られることを恐れて、新しいことに挑戦しないのは、もったいないからです。

それに、トップダウンで言われたことだけをやる仕事では、やりがいも感じないでしょう。そのために私ができるのは、各メンバーを後ろから支えて押し上げていくことでした。

「リーダーシップは影響力」という話を聞いたことがあります。その通りだなと思います。どんなタイプのリーダーを目指すかといった、「タイプ」にこだわるのではなく、組織として目指したい未来は何かを考え、その未来を手にするために、メンバーに対してどのような影響を与えられるのかを考えましょう。

Tips

メンバーに与えられることを考える

判断の材料はチームメンバーから集める

リーダーは、判断を求められる仕事です。的確な判断を下して問題を解決していくリーダーは、カッコよくて憧れます。しかし、いざ自分が判断する立場になると、そんなにカッコよくはいきません。

私は自分自身も経験のない仕事をする中で、メンバーから「どうしましょう」と判断を求められると、「どうしたものか」とオロオロしていました。自分はリーダーなのだから「わからない」とは言えない。間違った判断をしてしまい、信用を落としたくない。そんな気持ちがありました。

そんなとき、よく相談をしていた他部門の上司が、こんな話をしてくれました。

「リーダーは別にスーパーマンじゃないのだから、**何でも自分で考えて結論を出さなければと思わなくてもいい**んだよ。部下の仕事は何だと思う？　部下の仕事は上司にとっての判断材料を集めることだよ。優秀な部下は、上司がよりよい判断ができるよう、よい材料を提供できる人だ。材料が足りなければ、部下にそう伝えなさい。あなたが判断できなければ、あなたにも上司がいるでしょう。その上司に材料を提供しなさい」

私はその言葉を聞いて、肩に入っていた力がスッと抜けました。

それまでは、「どうしましょうか」とメンバーが答えを求めてくると、「ちょっと待って。考えるから」と自分で引き取っては、頭を抱えていました。自分で調べたり、人に聞いたりして、多くの時間を費やしていました。

でも、「材料」の話を聞いてからは、「どうしましょうか」と聞かれても、材料が足りなければ「それだけでは判断できない」と伝え、もっと詳しい情報を聞くようにしました。今まで「どうしましょうか」と聞くだけでよかったチームメンバーは、びっくりしたかもしれません。

そして、これはメンバーを育てることにもつながっていたのです。問題の状況を詳しく観察して話してくれるようになりました。

判断材料となる事実をたくさん集めてきて報告するだけでなく、「自分はこう考えるから、こうしてみたらどうか」という形で提案してくれることもあります。私がひとりで頑張らなくてもよかったのです。

ただ、注意してほしいのは、少ない事実で判断してしまったり、自分の判断を過信したりすることです。

大事なのは、どれだけ解像度の高い、正確で具体的な事実を集められるかということ。そして、「どうしてその事実に目をつけたのか」という問いを投げかけることです。そんなやりとりをしていくと、自分もメンバーも成長できます。

また、自分の手に負えない、自分の判断に自信がないと思ったら、素直に上司の力を借りることです。

私は、これがなかなかできませんでした。「こんなことも判断できないのか」と思われたくなかったからです。でも、全体のことを考えると、自力で踏ん張るのは百害あって一利なしですね。

自分の頭を使って考えることは大事ですが、**「わからない」と素直に認め、人の力を借りる勇気もまた、必要**なのです。

Tips

人の力を素直に借りよう

メンバーの話を聞いて仕事を割り振れる

業種や職種によっては、何年も同じ仕事を続けることがあります。とくに、専門知識を必要とする仕事や技術系の仕事は、そのような傾向が強いようです。

IT関連企業でシステム開発を行う部門の部長だったMさんは、技術者として働くメンバー一人ひとりと面談をして「本当に、この部署にずっといていいのかどうか」を尋ねたそうです。

「私の部門は、お客様と長くつき合っていくような仕事だったので、ずっと同じ仕事を続けている人が多かったのです。もっと新しいことに挑戦したい人がいるのではないか、新たな技術に挑戦したい人がいるのではないか、つき合うお客様を変えてみたい人がいるのではないか、昇格して新しい立場で挑戦したい人がいるのではないか、と思っていました。ですから、メンバーの考えを聞いて、仕事の割り振りを変えていきました」

もちろん、メンバーの希望通りにならないこともあります。会社として、今の職場でもう少し頑張ってもらいたいこともあります。そういうときには、Mさんはその人のやりたいことを理解したうえで、今すぐには変えられない理由を伝えるようにしていました。

また、リーダーはメンバーの仕事ぶりや人となりを一番近くで見ている存在として、昇進・昇格の候補者を人選し、自分の上司に推薦することができます。実力にふさわしいステージを用意し、メンバーの成長を後押しするのはリーダーの役割です。

そのほか、プロジェクト的な仕事を任せて、「ミニリーダー経験」を積んでもらうのもいいですね。

長年同じ職場で同じ仕事を続けることは、本人にとって成長する機会が少なくなるだけでなく、会社にとっても「その人がいなくなったら困る」という問題につながります。

メンバー自身が今の仕事をどう感じているのか、一人ひとりに聞いてみましょう。

メンバーの望む未来や会社の将来のためには、どのような環境を用意するのがよいのかを考え、仕事の割り振りを変えたり、異動や昇格を提案することもリーダーだからこそできることです。

誰に聞けばよいかを把握しておく

前項で、「わからないことがあれば人の力を借りましょう」と述べました。このとき、「誰に聞けばよいか」を把握しておくと、気持ちがとても楽になります。

上司に聞くことはもちろんですが、自分の上司にもわからないことだってあるからです。

「この件は、あの人に聞けばわかる」という人脈をつくっておきましょう。

たとえば、会社の研修で一緒になった人や同期など、他の部署の人とのつながりは貴重です。普段業務で関わりのある部署以外の人と接点を持てる機会ですし、一度でも面識ができれば、イザというときに頼ることができるからです。

ＩＴ関連企業で部長を務めるＮさんは、判断して決めることについて、次のように話してくれました。

「判断する際には、判断の拠《よ》り所となるルールや社内規程などがあるはず。だから、必ず確認します。決断することは難しく感じますが、向かっている方向はどこなのか、あるべき姿は何かを意識するようにしています。技術的なことなど、自分のわからないことは専門家やその分野に詳しい部下に聞きます。もちろん、自分自身も情報収集したり勉強したりしなければならないと思います。ただ、この件はあの人に聞けばわかるといった、人脈をつくっていくことは大事ですね」

「人脈をつくることが大事」というNさんですが、「自分から人脈をつくろう」としたわけではないそうです。

たとえば、社内で通達があったときなど、「この通達で結局、現場に何をしてほしいのだろう?」というような疑問点があると、必ず問い合わせるそうです。

「問い合わせをすると、相手に名前を覚えてもらえるんです。また何か言ってきた、と煙たがられることもありました。でも、通達の内容をちゃんと知ろうとしているという私たちの姿勢を理解してくれる人もいます。そうした問い合わせを通じて会話をしていくうち、勝手に人脈ができていきました」

私自身も振り返ってみると、「頼りになる」と思った上司は例外なく、広い人脈を持っていました。

何かわからないことがあるとすぐ、どこかへ電話をかけ、アイディアやヒントをもらっていました。

そんな上司の姿を見て、「こんなことも自分で判断できないの？」なんて思うことは一度もありませんでした。逆に、しかるべき人に聞き、スピーディに対処する上司を尊敬していました。

もし、あなたが「人脈を広げることが難しい」と感じていても大丈夫。Nさんのように、「わからないことは放置せず、わかる人に聞くこと」からスタートしてみてください。

Tips

わからないことは、わかる人に聞こう

プレイヤーとしての実力も磨く

この本を手に取ってくださった方は、プレイヤーとしての仕事を持ちながら、チームをまとめる役割を担うプレイングマネジャーの方が多いと思います。

リーダーとして抜擢されたのですから、プレイヤーとして成果を出してこられたのでしょうし、現場や実務が好きという方もいるでしょう。

プレイングマネジャーは、長時間労働につながりやすいうえ、「部下に仕事を任せられない」と思われがちです。

でも私は、**プレイヤーとしての実力をどんどん磨いていったほうがよい**と思います。

なぜなら、世の中はどんどん変化しているし、スピードが要求される今、現場に一番近いところにいるリーダーの判断が組織の経営にとって、とても重要だからです。

プレイヤーとして第一線に立ち、実力をつけていくことで、自分の自信にもなります。

実務を通じて、現場を知ること、チームメンバーの仕事を知ることは、リーダーとしての判断力を養ってくれます。

ただし、そのためには注意点があります。それは、「実務だけで自己完結しないこと」です。つまり、いずれは誰かに任せる前提で取り組んでいくのです。

たとえば、自分で実務をこなしながらも、**「このやり方が唯一だろうか」と自分のやり方に常に疑問を持って、「自分でなければできない」という思い込みを捨てるようにします。**

「Aさんにやってもらうとしたら、どうなるかな」「この仕事を誰かにやってもらうとしたら、何が必要かな」などと、少し引いた目線で自分の仕事を見てみるといいですね。

プレイングマネジャーとしてやってはいけないのは、「成果を独り占めすること」「メンバーの仕事を横取りすること」です。私の失敗談をひとつご紹介します。

中国で新しい工場をつくるプロジェクトに参加したときのことです。

今までよりもっといい工場をつくりたいと思った私は、上司にいろいろと提案をして、グイグイ進めていきました。中国人のスタッフには、あらかた方針が決まってから、「こうするよ」と伝えるだけでした。

そんなことが続いたあと、ある中国人スタッフとの関係が何となくギクシャクしてきました。彼は次を担うリーダークラスの若者でした。実は、彼ら中国人も「いい工場をつくりたい」と思って、たくさんの提案を持っていたのです。でも、私は自分ひとりで突っ走り、中国人上司から「いい提案をしてくれてありがとう」と言われて満足していたのです。

「いい工場をつくりたい」というのは、私個人のビジョンではなく、組織みんなのビジョンですから、私ひとりではなく、ちゃんと全員で共有しなければいけませんでした。

その後、私は自分ひとりで決めるのをやめました。

関係がギクシャクしていた中国人スタッフに、自分が温めていたひとつのアイディアを伝えました。すると、彼は急に明るい表情になり、早速具体的な動きにかかってくれました。そして、私の案よりもずっといい案にして結果を出してくれたのです。

その経験があってから、私は「何でも自分がやる」という仕事のスタイルから卒業し、自分にしかできないことで貢献していこうと思えるようになりました。

プレイングマネジャーは、「バランス」が大事です。プレイヤーとして立つのは、リーダーとしての判断力を養うためで、主役はチームメンバーやスタッフなのです。

Tips

「チームの主役はメンバー」であることを忘れない

あなたが学ぶ姿勢を見せよう

「資格なんて取っても意味がないよ」

そんな言葉を聞くことがあります。でも、私はそうは思いません。とくに、業務に関連する資格や、自分のスキルアップにつながるものならば、積極的にチャレンジしてみたらよいのではと考えています。

資格は誰にでもわかりやすい「能力の裏付けとなる客観的な事実」です。持っているだけでメンバーからの見られ方が変わります。

私の職場は、電気や危険物の取扱いなど、専門の資格がないと従事できない業務がたくさんありました。

会社として有資格者を選任して行政に届け出なければならない仕事もあります。でも、私はまったく畑違いの素人でした。そこで、勉強して資格をたくさん取りました。転職時には、履歴書の資格欄を見て、「資格マニアですか？」と聞かれることもたびたびありましたが、趣味で取ったわけではありません。

基礎となる理論、関連する法律、実際の技術的な内容を体系的に学ぶには、資格を取るのが効率的だったからです。

実際には実務経験がない「ペーパードライバー」でも、**資格を持っていると「その資格があるなら、こんなことやってみない？」と仕事の機会が増える**のです。実務の経験がないという不安はありましたが、「勉強した」という事実と「資格」という証が、一歩を踏み出す勇気になりました。もちろん、転職のときにも有利に働きました。

男性ばかりの世界でもやっていけたのは、人や職場に恵まれたおかげですが、資格を持っていたことも大きかったのではないかと思います。

あなたの仕事に関連する資格があるのであれば、その資格取得を目標にしてみてはいかがでしょうか。

リーダー自身が学び続けることは、チームにとってもよい影響があります。

私の職場では、社員に資格の取得を奨励していました。毎期、目標を設定するときには、「自己啓発」として資格の取得を目標に入れるよう、指導していました。とはいえ、勉強が好きな人ばかりではありません。

もう年だから、新しいことは覚えられないという人もいれば、目標を書くには書いたけれど勉強しないといという人もいました。「資格を取ったら、会社から報奨金が出る」「この資格があったら、定年後も食いっぱぐれない」などと、資格を取ったらどんないいことがあるかを説明しても、あまり響きません。

そこで、私も以前から受けたいと思っていた資格に挑戦することにしました。

「私、アラフィフだけど、みんなと一緒に頑張るわ」

そう宣言して、実際に頑張りました。

正直に言って、これがどのくらい影響を与えたのかはわかりません。ただ、**口で言うだけでなく、自ら実践して背中を見せることも大事**です。それによって、たとえひとりでも心に「やる気の火」を灯せたらいいなと思って、学びは続けるようにしていました。

「子は親の背中を見て育つ」といいますが、**メンバーもリーダーの背中を見ています。**

あなたの学び続ける姿勢を見せていきましょう。

Tips

あなたの学び続ける姿勢が、学び続けるチームをつくる

「女性だから◎◎」を逆手にとる

「アンコンシャス・バイアス」という言葉をご存知ですか。

「無意識の思い込み、偏見」とも言われています。

たとえば、「男性は細かいことが苦手」「女性は機械音痴」「日本人は几帳面だ」というようなものがあります。多様性を認め合う社会をつくっていくために、こうした「無意識の思い込み」に気づくことの大切さが、あちらこちらで言われています。

「無意識の思い込み」は仕事の場面でも存在しています。

実際に、本人（女性）は海外への単身赴任だって受ける気満々だったのに、「ご家族がいるから海外への単身赴任なんてしないだろう」と上司が勝手に判断して、チャンスを逃してしまった例を聞いたことがあります。

そういう問題が起きるのは困りますよね。

でも、この「無意識の思い込み」を逆手にとってチャンスにすることもできます。**「女性だから」という理由で振られてきた仕事を、「自分にしかできない仕事」にしてしまう**のです。

会社員時代、私は職場に女性ひとりという環境にいました。ある日、近隣の小学校から子どもたちが工場見学に来ることになりました。

すると、「女性は子どもが好きだから」「女性のほうが物腰が柔らかいから」などと言われ、子どもたちの対応をするように言われました。

また、「市民講座で工場の紹介をしてほしい」と市役所から依頼があったときも、「女性が出て行ったほうがいいから」と言われて、私に仕事が回ってきました。

なぜ女性が出て行ったほうがいいのか理由はわかりませんでしたが、私はそうして回ってきた機会をすべて引き受けて利用することにしました。

その結果、子どもたちと接する仕事を通して、「子どもにわかるように説明する工夫」をすることができるようになりました。また、外に出て行って人々の前で話をする仕事はすべて、私の仕事になっていきました。

いつの間にか、「◎◎といえば深谷さん」と言われるようになり、独自のポジションを築いていました。

「女性だからって何でも私に言ってこないで！」と思うこともありましたが、やってみたら面白かったこともたくさんありました。

「無意識の思い込み」は自分自身にもありますし、世の中にもあふれています。「女性だから」というだけで「□□が得意でしょう?」と言われたことが、あなたにもあるかもしれません。

そういうとき、それがあなたにとって「得意」とはいえないまでも、**そこそこできるのだったら、「□□が得意なキャラ」になって、そのポジションをゲットするのもアリ**なんじゃないかと思います。

世の中にはびこる無意識の思い込み。おかしいと思うこともたくさんあります。でも、まわりが変わるのを待っていたら、人生終わってしまいます。ここはひとつ、したたかに、しなやかに生きていきましょう。

Tips

振られた仕事を「自分にしかできない仕事」にしよう

第4章

「任せられない」「巻き込めない」はこうやって解決

「抱え込みグセ」をなかなか手放せなかった私ですが、
「これ、お願いします」と気持ちよく任せることが
できたときもありました。
それはどんなときだったのかを振り返ると、
「任せるためのコツ」が見えてきました。

一緒にやったら達成したときの喜びは倍以上

突然、降ってわいたイレギュラーな仕事。メンバーはみんな忙しいのにお願いするのは気がひける。そんなふうに思ったことはありませんか。

私が、なかなか仕事を人に任せられなかったのは61ページで述べた通りですが、とくに通常業務ではない仕事の対応を任せることができませんでした。

以前勤めていた工場で、「どこかで水が少量漏れている」という問題が起きたときのことです。思い当たる場所を調べてもらいましたが、どこにも異常が見当たりませんでした。まだ確認していないのは生産中の装置だけです。

でも、生産中の装置を確認するのは簡単なことではありません。その仕事を誰かに頼みたかったのですが、何をどう頼んだらいいのか、私自身もわかりませんでした。

とにかく装置を見て、水が漏れる可能性がありそうな場所を根気よく調べていくしかありません。時間がかかる作業で、通常業務を抱えているメンバーには頼みづらい状況でした。

私は時間を見つけては、自分ひとりで工場内を見て回りました。そのうち、疑わしい装置がわかりました。生産部門に連絡して見てもらったところ原因がわかり、問題は解決しました。

私は自分が何度も現場に足を運び、粘り強く調べた結果、原因がわかり、成果が出て嬉しかったのですが、同時に、その成果を「独り占め」している感じがして、何となく居心地の悪さも感じました。

この問題にチームメンバーを関わらせなかった、という感覚がどこかにあったからです。「水漏れ」というのは、**私たち全員にとっての問題だったのに、途中から私だけが取り組んでいる問題になっていた**のです。

それから6年後、「どこかで水漏れしている」という同じような問題が、中国の工場でも起きました。私は、どこから手をつけたらよいか整理して、関係のありそうな生産装置をひと通り見て回るとき、中国人のスタッフを呼びました。

「これから装置を見に行くけど、一緒に行かない？」

そう言うと、彼は喜んでついてきました。

「装置がメンテナンスで停止するときに、生産部の人にここのバルブを閉めてもらって、水漏れが止まるかどうか確認していこう」

「わかりました。じゃあ僕が生産部の担当者と連絡して進めていきます」

「お願いね。生産部の部長には、私から声をかけておくから」


調査対象となる装置は50台を超えます。それからは「装置のメンテナンスをする」という情報を得ては、バルブを閉めて確認するという地道な作業を繰り返しました。私は週1回、その進捗を確認するだけでした。

問題が起きてから8か月経ったころです。「水漏れしている装置が見つかったかもしれない」と中国人スタッフが報告にきました。

私たちは装置を見て、水漏れしている場所を特定する作戦を立て、実行しました。そして、ついに水漏れの原因を見つけることができました。

そのときは、中国人スタッフとハイタッチするくらいの喜びを感じました。6年前、日本の工場で原因を見つけたときに比べて、何倍もの達成感がありました。時間も労力もかかったから…というのもありますが、それ以上に中国人スタッフと「同志」のようにこの問題に立ち向かい、喜びを分かち合えたことが嬉しかったのです。

「今までやってきたことを報告書にまとめてくれない？　あなたの成果なんだから、ちゃんとリーダーに報告しよう」

私がそう声をかけると、彼は嬉しそうに頷いて、翌日には早速レポートを出してくれました。

この出来事は、以前の「任せられなかった私」との違いを振り返るきっかけになりました。何が違っていたのか。それは「目線」でした。**「相手の負担を増やすかもしれない」というのは、相手への気遣いではなく、自分を守るためのもの**だったのです。

Tips

一緒にやることで巻き込む

「一緒にやる？」と声をかける

「任せられない」という私でも、業務の内容や進め方を自分もわかっていて、明確に指示を出せるときは、「お願いね」と任せることができていました。

任せることができなかったのは、自分でもどう進めていいのかわからない業務のときです。**明確な指示を出せないのに、「これ、お願いね」と仕事を振って、「丸投げ」だと思われるのが嫌だった**からです。

私は、「何が起きているのか、状況を自分も確認しておきたい」と思っていました。状況を把握していないと、指示も判断もできないからです。

私の場合は、「状況の確認をし、何をしたらいいのかを考え、実行する」という流れを、すべて自分ひとりで握っていました。本当は、「実行する」の段階で、明確な指示を出して任せるべきなのです。

でも、その段階までくると「もう自分でやったほうが早い」と思ってしまったり、「負担を増やすかもしれない」と気がひけたりして、任せられなかったのです。

102ページで紹介した中国での例では、「状況の確認をする」という最初の段階からスタッフを巻き込んだのが、それまでの私の行動パターンとは違っていたところでした。

中国では「一緒に行かない？」とスタッフに声をかけるところからスタートしました。

もし、「たぶん、こうしたらいいと思うから調べてやってみて」と最初からすべてを任せていたら、うまくいかなかったのではないかと思います。

なぜなら、どれほどのボリュームの仕事量になるのかが見えないし、スタッフがその仕事を進めるうえで何が必要になるかも十分に理解できなかったからです。

また、もし「あとはやるだけ」の段階から任せていたら、背景を一から説明しなければならなかったり、言われたことをやるだけになって、スタッフのモチベーションが続かなかったかもしれません。

「この仕事、お願いします」と言うのは、任せられない私にとってハードルが高いけれど、**「一緒にやりませんか？」だったら、それほどハードルは高くありません**でした。

それに、あとから気づいたことですが、自分だけで考えるより誰かと一緒に考えたほうがよいアイディアが出るものです。また、実は中国人スタッフは声をかけてもらえるのを待っていました。

「任せられない」の背景には、さまざまな原因が潜んでいます。「自分が一番わかっている」「自分がやったほうが早い」「経験の浅い部下に任せるのはまだ早い」といった気持ちや、「負担をかけたら嫌がられるのでは」といった恐れです。

「いつまでも自分ひとりで抱えていてはダメ、部下に任せなければいけない」とわかっていても、なかなか急には変われませんよね。

「わかっているけれど、できない」って辛いです。そんなときこそ、**小さな小さな行動から変えてみてください。**

いつもは自分ひとりで行くけれど、**「一緒に行く?」と声をかけてみる。**

いつもは自分ひとりで調べるけれど、**「一緒に調べてみる?」と声をかけてみる。**

「仕事を任せる」レベルの行動ではないかもしれません。でも、いつもと違うことをちょっとだけやってみる。それを積み重ねていくうちに、「これ、任せてみようかな」という心持ちになっていきますよ。

Tips

「一緒にやる?」の声かけが初めの一歩

「任せる」ことは成長の機会を与えること

「任せるのが苦手」には、どんな気持ちが潜んでいるのでしょうか。私の場合は、「自分じゃなければ」という自負もありましたが、それ以上に大きかったのは、「忙しいチームメンバーに負担をかけてしまうのではないか」という不安でした。

私は、同年代の男性から「課長は優しすぎると思います」と言われたことがあります。その言葉を聞いたとき、「何かを頼んで嫌われるのがこわいんでしょ」と言われているように感じ、わかっているのにできない私の弱さをつかれたようで、情けない気持ちになりました。

そんな私が、なぜ中国では仕事をどんどん振って任せることができたのか。

何が違っていたのか振り返ると、スタッフやメンバーに対する向き合い方が変わっていたのかもしれないことに気づきました。

私は中国で仕事をするのは2019年末までと決めていました。期間を限定していたのです。だから、何をするにしても、「私は中国人のスタッフたちに、何を残せるだろうか？」と考えていました。

すると、「仕事を増やしたら申し訳ないかも…」とか、「こんなことを頼んだら嫌がられるのでは…」などという思いは、一度も浮かんできませんでした。

私が経験していて中国人スタッフが経験していないことがあれば、一緒に仕事をして経験を積んでもらい、「そこから何かを得て成長してくれれば」と思っていました。

でも、日本で仕事をしていたころは、そうではありませんでした。問題が起きたら「私が解決してあげなくちゃ」と思っていました。

「忙しいのに余計な手間をかけさせたくない」という気持ちもありました。優しいリーダーでいたかったのです。同時に、「リーダーとしての力量を見せたい」とか「信頼を得たい」という気持ちもありました。

それが、**「相手のために何ができるか」と見方を変えてみたら、メンバーに「負担をかける」ではなくて「成長の機会を与える」と、考えられるようになりました。**リーダーの力量は「鮮やかに問題を解決する力」ではなくて、「道筋をつけて見守る力」だと思えるようになりました。

実際、中国では時には大変な仕事をスタッフに任せたこともありましたが、やり遂げたときは自信に満ちて嬉しそうでした。そして、「ありがとう」と言ってくれたのです。

仕事を振って感謝されてしまうなんて、何だか不思議な気分でした。日本で仕事をしていたときは、メンバーの負担を増やさないように気を使い、自分ひとりで仕事を進めて成果をあげても誰にも感謝されませんでした。

それなのに、任せたら嫌がられるどころか、感謝までしてもらえるなんて、思いもよらないことでした。昔の「優しすぎる私」は、本当は私自身に対して優しかっただけなのです。

Tips

目の前のメンバーの未来を見る

「自分がどう思われるか」「こんな自分でいいのかな」と自分に向けていた目を、目の前のメンバーに向けてみてください。彼ら彼女らにどうなってほしいのか。そのために自分は何ができるのかを考えると、少しずつ「任せられる」ようになっていきます。

チームメンバーをプロデュースするつもりで

メンバーに成長してもらうというのは、「その人をプロデュースする」という感覚に近いです。

すると、「この仕事はAさんの強みを生かせそうだな」とか、「Bさんには、こんな仕事をお願いしたら、力を発揮できるかも」とアイディアが次々と湧いてきます。

この感覚になると、「任せる」ことに対する苦手意識はなくなっていきました。第2章（63ページ）で「メンバーの得意なことリストをつくる」という話をしましたが、一人ひとりの顔を思い浮かべながら、「こんな仕事をしてもらったらいいかも」と考える時間は、楽しいですよ。

私のチームメンバーの多くは、「計画通りに機械の点検を進める仕事」に携わっていました。作業を正確に行うことや効率を上げるなど、工夫の余地がある仕事ですが、私はメンバーに対して、「決められたことを決められた通りにやる」だけでなく、もっと新しいことにも取り組んでほしいと思いました。そこで、「得意なことリスト」をもとに、さまざまな改善業務を割り振ることにしました。

知識も経験も豊富なメンバーには、新入社員向けの教育カリキュラムをつくって、実際に教育もしてもらいました。パソコンの得意なメンバーには、トラブル対応の履歴をデータベース化する仕事。かつて生産部門にいたメンバーには、生産装置の情報をわかりやすくまとめた資料をつくってもらう…というような感じです。

関係者を巻き込んで仕事を進めることが得意なメンバーには、テーマだけ伝えて、案をつくるところから完了まで、すべてをやってもらいました。

仕事を頼むときには、何を期待してその仕事を任せるのかを、直接伝えるようにしました。

「あなたは、こういうことが得意だと思うから」というような、ボンヤリした内容ではなく、**具体的な事実を添えて説明するのがポイント**です。

たとえば、「難しい用語を、新人にもわかりやすい言葉で説明していたから」というように、「この人、こういうことが得意そうだな」と自分が感じた出来事を伝えるのです。

そのほうが、相手も納得しやすくなります。

とはいえ、中には「今さら新しいことをするのは億劫《おっくう》だ」「別に今のままでいい」と考えている人もいます。正直手ごわいです。

そこで、「今のまま、平穏無事に1日が終わればそれでいいです」というメンバーに、「平穏無事に1日が終わると、どんないいことがあるの？」というように、「その先」を聞いてみました。

すると、「ストレスがないから、家族と穏やかに過ごせる」「仕事以外の生活も大事にしたい」など、その人の「こうなりたい」「こうありたい」が見えてきます。

そうした価値観、考え方を理解したうえで、「じゃあ平穏無事に1日が終わるためには、何が必要？」と問いかけていくと、「帰り間際にトラブルが発生しないようにしたい」と、何かしらの答えが出てきます。

そこからさらに、「帰り間際にトラブルが発生しないためには、何が必要か？」「そのために、今できることがあるとしたら？」と掘り下げていきます。そうした問答の中で、その人にできそうなこと、やってもらいたいことを見つけるようにしました。

「じゃあ、それは私がやります！」というような「ノリノリ」な感じはありませんが、「やれば自分にもメリットがある」ということは理解してもらえました。

改善業務は、チームにとって仕事がしやすくなったり、安全性が高くなったり、効率がよくなったりというメリットをもたらします。

成果が出たら、「これはAさんが取り組んで、改善してくれたんですよ」というように、チーム全員に共有しましょう。仕事の一環とはいえ、**メンバーから「ありがとう」と言われることは、本人にとっては嬉しいもの**です。そういう場をプロデュースできるリーダーという役割を、ぜひ楽しんでください。

Tips

「得意なことリスト」をもとに業務を割り振る

年上のメンバーには経験が生かせる役割を任せる

チームメンバーが自分より年上のこともありますよね。年上の人に指示を出したり、仕事をお願いしたりするのは、何となく気が引けて、やりにくいと感じる方もいるのではないでしょうか。

私の場合は、比較的若いメンバーが多かったのですが、半分くらいは同年代か年上の男性でした。ひと回り以上年上の方もいました。

最初は「やりにくいな」と思いました。でも、なぜそう思うのかを考えてみたとき、「リーダーだから、自分のほうができなければいけない」というように、「上下関係」で物事をとらえている自分に気づきました。

リーダーは「役割」です。**大事なのは、性別、年齢に関係なく、相手をリスペクトすることでした。**

普通に考えて、「相手が年下だから自分のほうが優れている」とか、「相手が年上だから自分のほうが劣っている」ということはありませんよね。ですから、年上だからといって過度に遠慮する必要はありません。

「年上のメンバーはちょっと苦手だな」と思っていると、距離は縮まりません。

それに、考えてみてください。相手も年下のリーダーに対して「やりにくい」と感じているかもしれません。実際、年下のリーダーにどう接したらよいのか戸惑っている人も少なくありません。

ですから、年上のメンバーには自分から思い切って声をかけてみませんか。そして、これまでにどんな経験をしてきたのか、どんなことを得てきたのかを聞いてみましょう。「チームの目標に対して、その経験を生かすとしたら、何ができるか」を一緒に考えてみるといいですね。

年上のメンバーとは、時には意見が食い違うこともあると思います。「その考え方は、もう古いな」と思うこともあるでしょう。

でも、そもそも考え方、感じ方は人それぞれです。相手のことを否定するのではなく、「あなたはそう考えているのですね」と受け止め、「私はこう考えています」と、自分の考えていること、感じたことを伝えればよいのです。こちらがガチガチにヨロイをまとえば、相手もガチガチに武装してしまうかもしれません。

なめられないように、バカにされないようにと虚勢を張ったり、「リーダーとしての私を値踏みされているのでは…」などと思うことに意味はありません。むしろ、**自分の弱みを見せて、「こんなとき、○○さんだったらどうしますか？」と相談にのってもらったり、教えてもらったりしましょう。**張り切って教えてくれますよ。

Tips

自分から声をかけて距離を縮める

「任せられない」を克服する3つのポイント

①数字で把握する

いつもなら、「やりますよ」と言われても、「大丈夫です。私がやりますから」と仕事を抱え込んでいた私でも、素直に「お願いします」と言えたことがありました。なぜ素直にお願いできたのかを振り返ると、共通点が見えてきました。その共通点を3つのポイントにまとめました。

まず1つ目のポイントは、**仕事の量を「数字で把握する」**ことです。

仕事の中身を「いつまでに、どれくらいやらなければならないのか」、これを数字で把握して、自分自身の時間の使い方を知ると、「自分の能力だけで、やれるかどうか」が見えてくるのです。「無理そうだ」とわかれば、自然と人に頼ることができました。

ペアで一緒に仕事をしていた先輩から「今日の報告書は私がつくりましょうか」と言わ

れたときのことです。

いつもなら、「大丈夫です。こんなことくらい私がやりますから」と抱え込んで深夜まで頑張ってつくっていました。

先輩だって忙しいし、尊敬する先輩にやってもらうなんて…という遠慮もありました。でも、そのときは「2日以内に2つの報告書を提出しなければならない」という状況でした。翌日は違う仕事を抱えていた私にとって、全部自分でやるのは厳しいことが目に見えていました。

頑張ればできないこともありませんが、もし私の仕事が遅れたらみんなに迷惑をかけてしまいます。それが自分でもわかったので、素直にお願いすることができたのです。

普段からどの仕事にどれくらいの時間をかけているか、把握していますか。

ざっくりでも記録を取っておくと、自分の「負荷」が見えるようになります。仕事には必ず納期がありますから、そこから逆算すると、できるかどうかを客観的に把握できます。

私のような「抱え込むタイプ」の人は、「残業すること」が前提になってしまいがち。でも、それはあるべき姿ではないですよね。まずは、その前提を手放しましょう。

1日の時間の使い方をスケジュール帳やノートに記録すると、1週間分の記録だけでも「会議に時間をとられているな」とか、「意外とスキマ時間があるな」といったことが見えてきます。

その中で、出席しなければならない会議など、**「自分ではコントロールできない時間」はどのくらいなのか、逆に「自分でコントロールできる時間」はどのくらいなのかを確認**してみましょう。

そのうえで、「やりたいと思っていながら、まだできていない仕事をする時間」や、「メンバーの育成に使う時間」「メンバーとの面談時間」など、「リーダーとしてやっておきたいこと」「リーダーである自分がやらなければならないこと」をいつやるのか、先に時間を決めてスケジュールに書き込んでおきます。

こうすると、それ以外のことに使える時間がどれくらいあるかを把握することができます。

そうした**「余白時間」をカラーペンなどで囲って、パッと見てわかるようにしておく**のがコツです。なぜなら、イメージが頭の中に残りやすいからです。

こうすると、「自分でやろうかな」と思う仕事があっても、頭の中にある「余白時間」と照らし合わせて、「時間が足りるかどうか」判断しやすくなります。

ついつい、自分でやってしまいたくなりますが、自分の時間の使い方を知ることから始めてみてください。「自分ひとりでできることは限られている」ことがわかるようになれば、人に仕事を任せられるようになります。

Tips

仕事の記録を取ることから始めよう

「任せられない」を克服する3つのポイント
②分解する

「任せられない」を克服する2つ目のポイントは、**「分解する」**です。

ひと口に「仕事」といっても、さまざまな要素から成り立っています。たとえば、一般の方を対象にしたセミナーを開催する仕事で考えてみましょう。

「セミナー開催を案内するチラシをつくる」「申し込み用のフォームをつくる」「当日のカリキュラム表をつくる」「配付資料を印刷する」「アンケートを作成する」など、作業レベルに分解することができます。

「何をしたらよいか」が明確で、「これをやれば結果に結びつく」ことが見えていれば、人は行動しやすくなります。任せる側は、「この部分はAさん、この部分はBさん」と割り振ることも容易になります。

「なかなか任せられない」「自分でやったほうが早い」と思っているときは、その仕事を構成する要素や手順が自分の頭の中だけに存在していることが多いものです。

手順書をつくって渡そうと思っても、作成する時間をつくることもままならず、結局ズルズルと後回しになってしまい、いつまでも任せられないという状態ではないでしょうか。

そこで、最初からチームメンバーを巻き込んで、「その仕事を完成させるためには、何と何と何をやらなければならないか」を一緒に整理し、仕事を作業レベルに分解していくのです。

すると、こちらから担当を割り振る前に、「この部分は私がやりますよ」と申し出てくる人が出てきたりします。また、業務量や業務の難易度が見えやすくなるので、誰にどの仕事を任せればよいかを判断しやすくなります。

おまけに、**整理した「作業リスト」そのものが、手順書の役割を果たしてくれます。**あなただけにしかできなかった仕事が、誰にでもできるようになるのです。

「作業リスト」に従って仕事をやり終えたあとは、チームで振り返りをして、あとから追加した作業や、不要だと感じた作業などを洗い出しましょう。「作業リスト」の更新です。

こうしておくと、次は最初から任せることができるようになります。

Tips

任せる仕事を「作業レベル」に分解する

「任せられない」を克服する3つのポイント

③経験を増やす

「任せられない」を克服する３つ目のポイントは、「経験を増やす」です。

これはつまり、あなたの**「任せる経験を増やす」**ということです。

「任せられない」という気持ちの奥底には、「不安」があります。私の場合は、「忙しいメンバーに負担をかけて嫌がられるのではないか」、また「私でなければできないかもしれない」「任せたら時間がかかる」という不安でした。

すでに述べたように、それらはすべて自分の思い込みでした。

メンバーに仕事を任せたら、嫌がられるどころか、むしろ喜んでくれました。また、仕事の内容によっては、中途半端に仕事を渡すより、最初から全部やってもらったほうが、相手もやりやすいのだということもわかってきました。

それに、私のやり方を押しつけるのではなく、メンバーが自分で考えて進めるほうが、やりがいを感じられますよね。

私の場合、少し専門的ですが、工場の生産計画に基づいて1年間の電気使用量を予測する仕事をしていた時期がありました。自分の経験と勘で数字を出しているうちに、「なぜ、こんな計算式になっているのか」が自分でもわからなくなっていました。こうなると、人に説明しようにもできません。

結局、私のやり方をいったんリセットして、メンバーに任せて一からつくり直してもらいました。その結果、私がやっていたときよりも、数段いい予測ができるようになりました。こんなことなら、さっさと任せていればよかったと思いました。

小さなことでいいのです。まずは、**あなた自身が「任せることができた」という経験をしてください。**そして、リーダーという役割を担った今は、リーダーとしてのあなたにしかできないことに目を向けていきましょう。

Tips

仕事を任せて喜んでもらう経験を増やす

相手に動いてもらう3つのポイント ①共感、②ルール、③効果の共有

人を巻き込んだり、人に動いてもらったりするのは、簡単ではありませんよね。

仕事を頼んだのに、思うように動いてくれないと、内心イライラして「やっぱり自分でやったほうが早かった」と思ったこともあります。

そんなとき、頼んだ人に対して「あれはどうなった？」と進捗を何度も確認したり、「どうしてそんなに時間がかかるの？」と理由を問いただしたりするのは、相手を信用していない印象を与えてしまいます。このときすべきなのは、**具体的な行動を起こせない根底にある「感情」に目を向ける**ことです。

相手に動いてもらうためには、次の3つのポイントがあります。

①共感する

↓

②ルール（期間、範囲、基準）を決める

←

③効果を共有する

①共感する

人は「できない」「やりたくない」と思うとき、根底には「不安」や「面倒くさい」といった感情があります。そこを変えるのは簡単ではありません。**変えようとするのではなく、相手の持っている感情を受け止め、共感する**ことです。そのうえで、「不安」「面倒くさい」などの漠然とした感情に対し、その中身を分解しましょう。

たとえば、相手が「不安」を感じているとき、具体的に何と何がわかれば不安が解消するのかを明らかにすれば、次の行動を決めることができます。「面倒くさい」と思っているなら、具体的にどの部分が面倒だと感じるのか、忙しくて時間がないと感じているからなのか、などの理由を知ることができれば対処の方法が見えてきます。

②ルール（期間、範囲、基準）を決める

次の行動を決めることができたら、**「期間限定でやってみる」「限られた範囲でやってみ**

■相手に動いてもらうには■

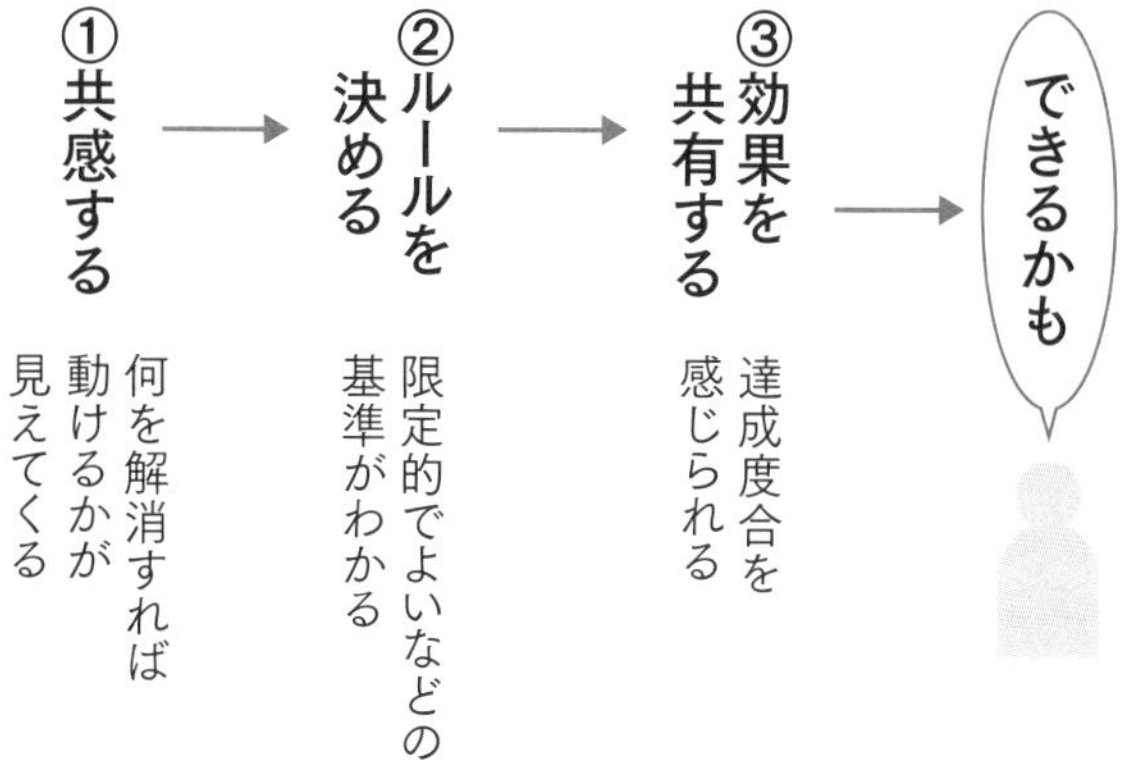
①共感する
何を解消すれば動けるかが見えてくる
②ルールを決める
限定的でよいなどの基準がわかる
③効果を共有する
達成感を感じられる
できるかも

る」「ここまでは大丈夫という基準をつくる」など、ルールを決めると動きやすくなります。

そして、実際にやってみると「意外とできた」とか「思ったより面倒ではなかった」など、新しい事実がわかってきます。

③効果を共有する

最後に、**実際にやってみて得られた効果を見せて、達成感を共有**しましょう。すると、相手は「もっとできるかも」「もっとやってみたい」と思うようになります

この3つのポイントは、私の実体験から得られたことです。

私は、省エネルギー活動のリーダーをしていたとき、活動をうまく進められずに悩んでいました。

しかし、あることがきっかけで、絶対できないと思っていた生産部門の省エネルギー活動がうまく回り始めるようになりました。

それまで生産部門は省エネルギーに消極的でした。

何しろ、1℃の温度変化やスギ花粉の100分の1程度のごく小さなホコリでも品質に影響を及ぼすので、生産部門の人たちは「今うまくいっている状態を変えたくない」と思っていました。

だから、いくら省エネについて正論を言ってみたところで、生産部門からは「できません」と言われるばかりでした。

「生産していない場所の空調機なら止められるのでは？」と生産部門の担当者へ提案しに行ったときのことです。

いつものように「品質にどんな影響があるかわからない」と言われたのですが、一緒にいたメンバーが「影響って、具体的に何がわかればいいですか？」と質問したのです。生産部門の担当者から具体的な項目を聞き出すと、メンバーは「それらを数値で提供します」と約束しました。

すると、生産部門の担当者から「じゃあ、まず1日だけやって結果を確認しましょう。

それで問題がなければ、次は1週間やってみましょう」と提案してくれたのです。

「動かなかった山が動いた」と思いました。

私は今まで正論をかざして、**「こうあるべき」と「できない」の対立構造で話をしていたから、うまく進められなかった**のだと反省しました。相手の「不安」の中身をきちんと聞いて、そのためにできることを考えて、範囲や期間を決めれば、動かなかったことも動くのだと学んだできごとでした。

その後、結果が出て効果があったことがわかると、「次もやってみましょう」と活動が回り始めました。また、達成感を共有することで、それまでは対立していた生産部門と「仲間」になれたのです。

相手がなかなか行動を起こしてくれないときには、その根底にある「感情」に目を向け、その中身を分解することから始めてみましょう。次の行動に結びつくヒントが得られるはずです。次項では具体的な応用例をお伝えします。

Tips 相手の感情に共感することから始める

自信がないメンバーを動かす3つのポイント
①共感する

前項で紹介した「相手に動いてもらう3つのポイント」は、「自信がないからできない」というメンバーに仕事を任せる際にも使えます。

若手のメンバーに、簡単な修繕工事の仕事を任せたときのことです。それまでの彼の主な仕事は機械の点検でした。新しい経験をすることで、彼に成長してもらいたいと思っていました。でも、彼は「やったことがない仕事だから、私にできるかどうか自信がありません」と言うのです。

あなただったら、こういうとき、どのような言葉をかけますか。

以前の私なら、「大丈夫、あなたならできるから」と、はげましていました。でもそれは、「私の解釈」を相手にぶつけているだけだったのです。

「あなたならできる」「私には自信がない」と、自分の解釈をお互いにぶつけ合っているだけでは何も変わりません。メンバーにとっても、不安を抱えたまま「無理にやらされた」と感じながら仕事をするのは幸せではないでしょう。

「できるかどうか自信がない」と相手が不安を口にしたとき、**「大丈夫、できるから」と言うのは、「はげまし」ではありません。「押しつけ」です。**

私が省エネルギー活動でうまくいかなかったときのように、「できません」「できるでしょ」という対立構造になっていたのです。大事なのは相手の「不安です」という感情を受け止めることでした。

「相手に動いてもらう3つのポイント」に気づいてから、私はこういうときにかける言葉を変えました。

心の中では「大丈夫、あなたならできるから」と思っていても、「自信がないと思っているんだね」と、まずは相手の感じている「不安」の感情を受け止めました。そのうえで、「具体的に何を不安に感じているの？」と質問してみました。

すると、「見積りの取り方がわからない」「見積りをどのように査定したらいいかわからない」などと、何を不安に感じているかが見えてきました。

「自信がないです」という言葉からはわからなかった具体的な不安の中身が見えてくれば、次に何をすればよいかが見えてきます。

安易にはげますことは禁物です。相手の「不安」を受け止め、具体的に何が不安なのかを聞くようにすると、その不安を解消するための具体的な提案ができるようになります。

Tips

何が不安なのか具体的に聞く

自信がないメンバーを動かす3つのポイント
②ルールを決める

「やったことがない仕事だから、私にできるかどうか自信がありません」と言うメンバーが、何に不安を持っているのかを受け止めたら、次に、その「不安」の中身を分解します。そのうえで、「どこまでならできるか」「どのように進めるのか」「判断基準は何か」など、ルールを決めていきます。

前項の例の場合、不安の中身は「見積りの取り方がわからない」「見積りをどのように査定したらいいかわからない」といったことでした。

「それは、こうしたらいいよ」とアドバイスをしたくなるところですが、もう少し細かく分けていきます。なぜなら、**相手が「できない」「わからない」と言っていることの中にも、すでにできることや、わかっていることが含まれている可能性がある**からです。

「見積りを取るのには、こちらの要求をまとめた資料をつくる、見積りを依頼する相手を決める、実際に見積依頼を出すという仕事があるけれど、具体的にどこがわからないの？」というように、仕事の中身を分解して聞いていくと、「どんな資料をつくればいいかわからない」「見積りの依頼は出せます」というように、相手が不安に思っていることの中にも、できることとできないことがあるのがわかってきます。

そうすると、何を解消したら自ら「やってみよう」という気持ちになるのか、的が絞れてきます。メンバー自身も、「全部できないわけじゃなかった」と気づくことができます。

「わからない」「不安がある」ということに対しては、**何をすればよいか、何があればよいかを示したうえで、「どこまでだったらできそう？」と聞いて、任せる範囲を決めました。**

また、どのタイミングで相談や報告をすればよいかを決めておきました。そのほか、任せる仕事の内容によっては、法律や基準、社内マニュアルなど、拠り所となる判断基準も伝えておくといいですね。こうすることで、彼は一歩を踏み出していくことができました。

Tips

「不安」を分解し、任せる範囲を決める

自信がないメンバーを動かす3つのポイント
③効果を共有する

相手が「自信がない」という仕事も、「できること」と「できないこと」に分け、「どこまでをやるのか」「どのように進めるのか」「判断基準は何か」などのルールを決めたら、一歩を踏み出すことができます。そして次にやることは、「効果を共有すること」です。

初めてやることですから、うまくいかなかったことや、出来栄えが不十分なこともあるかもしれません。「こうすればもっとよくなる」という点を伝えたくなるところですが、まずは「できた部分」に着目するようにしましょう。

具体的には、メンバーが自分なりに考えたことや、仕事を進めるうえで工夫したことを話してもらいます。新しく知ったこと、気づいたことを話してもらうのもいいですね。

どんなに小さなことでもよいので、「成長した」「うまくいった」と思えるポイントを話してもらいましょう。見つけようと思えば、「できていること」は見つかるものです。

そのうえで、「こうすればもっとよくなる」という改善点をフィードバックするようにします。「できていること」を見つけたあとなら、メンバーも自分の「伸びしろ」を前向きに受け止めてくれます。

限定的だったとしても、「できた」という経験は自信につながります。「ここまではできたよね」と成果を共有したら、次は「できること」を増やしていきます。「次はここまでやってみる？」と任せる範囲を広げたり、仕事の進め方は相手の裁量に任せたりするなどしてみましょう。

「自信がない」と言われたら、「そんなことないよ」とはげましたり、「こうすればできるから」と手取り足取り教えたくなったりするものです。

かつての私もそうでした。でも、「言われた通りにやったからできた」というのでは、メンバーの自信につながりません。**口や手を出したくなるのをぐっとこらえ、不安の中身を小さなステップに分解し、「できること」を少しずつ増やす役**に徹しましょう。

Tips

「成長した」と思えるポイントを話してもらう

仕事を抱えこむのは水たまりの水がよどむのと同じ

ここまで「任せられない」「巻き込めない」を解決していく方法について述べてきました。最後にもうひとつ、私のことを白状します。私の中には、「任せたくない」という気持ちがありました。

「この仕事は私にしかできない」という気持ちがあり、自分がメインになってやりたかったのです。「これは私の仕事だ」と、いつまでも抱えていたかったのです。でも、全部を自分で背負い込もうとしたため、思うようには仕事は進みませんでした。

その後、私は異動で中国へ行くことになりました。

私が抜けたら業務が回らなくなる、とまでは思いませんでしたが、「どうなるのかな、大丈夫かな」と思うことはいくつかありました。

だから、異動日ギリギリまで、手順を細かく書き出した引継ぎ資料をつくっていました。そして、「何かあったら、いつでも連絡してください」と言い残して行きました。

異動してから2年が経ったころのことです。以前の職場が、省エネルギー活動で「省エネ大賞経済産業大臣賞」を受賞しました。

私が省エネルギー活動を担当していたときも、賞に応募したことがありました。メンバーに事細かに指示をして応募資料をつくり、「いい線までいくのでは？」と期待したのですが、結果は残念ながら受賞には至りませんでした。

自分には成し遂げられなかった悔しさを感じて、かつての仲間たちの成果を素直には喜べない自分がいました。

これ以外にも、私が言い出して始めたものの、人を巻き込めずに中途半端になっていた活動が、私が異動してからうまく回っていたり、私がやってきたのとは違う方法で効果的に進んでいたりする仕事がありました。そうした現実を知って、最初はショックでした。

でも、私があれもこれもと抱えていたから、みんなが遠慮していたのかもしれないなと気づきました。自分が一番できるつもりでいたなんて、とんだ思い上がりです。

担当者が変わり、やり方が変わることで、新しいアイディアが出たり、新しい動きが生まれたりするのです。「淀む水に芥《あくた》たまる」と言います。自分が全部抱えているのは、水の流れを止め、腐らせてしまうのと同じかもしれないと思いました。

自分で仕事を抱えるのではなく、まわりの人を信頼して、どんどん渡していきましょう。その仕事は、自分とは違う視点、自分とは違うやり方で磨かれていきます。そして、より早く、よりよい成果を生み出していくことでしょう。

Tips

まわりの人を信頼して仕事を渡す

第5章

「信頼しています」と言われるコミュニケーション術

・・・

「風通しのいいチームにしたい」
「注意したいことがあるけれど、
うまく伝える方法はないだろうか」――
世代も考え方も違う人が集まっている職場で、
メンバーの成長を促し、チーム力を高め、
信頼されるリーダーになる
コミュニケーションのコツを紹介します。

信頼関係を築くには事実をベースに判断する

私のチームメンバーが工場内の機械を点検しに行ったとき、止めてはいけない機械を止めてしまったことがありました。

メンテナンスのときにしかスイッチを操作してはならないのに、独断でスイッチを切ってしまったのです。正直、始末書レベルの行為です。でも実は、彼は「よかれと思って」スイッチを切ったのです。

そのスイッチは「将来用」と表示されたスイッチでした。

普通、スイッチには「ポンプA」「ポンプB」というように、どの機械のスイッチなのかがわかるよう、表示があります。「将来用」というのは、まだどの機械にもつながっていないということを意味しています。

彼は、「将来用」なのにスイッチがONになっているのを見て、「おかしい」と思い、図面を確認しました。図面でも、そのスイッチはどの機械にもつながっていませんでした。

どの機械にもつながっていないのに電源だけ入っているのは、感電事故を招きかねない危険な状態です。それで彼は、安全のためにスイッチを切ったのでした。

ところが、その「将来用」のスイッチには最近増設された機械がつながっていて、運転中だったのです。「よかれと思って」とった行動が、思わぬトラブルを招いてしまったわけです。

私は「機械を止めた」という第一報を聞いたときには、「何でそんなことをしたのだろう？」と思いました。

でも、事の顛末を聞いて「先に本人の話を聞いてよかった」と心の底から思いました。もし、「勝手に操作したらダメでしょう。何でこんなことをしたの？」と頭ごなしに問い詰めていたら、彼の心にしこりが残ったのではないかと思います。

このときの経験は、**「何があったのか」という「事実」をまず確認することの大切さ**を私に教えてくれました。

私たちはいつも何かあると、「良い・悪い」「できる・できない」「早い・遅い」「高い・安い」「多い・少ない」など、さまざまな「判断」をしています。時には、その背景にどんな事実があるのかを確認しないまま思い込みで判断をしていることもあります。

また、前述の「スイッチを切ったメンバー」に対しても、「独断で操作するのはよくない」という見方もできれば、「安全のことを考えて、見て見ぬふりをしなかったのはよかった」という見方もできます。どこを見るかで、相手に対する評価は変わります。

円柱は横から見たら長方形ですが、上から見たら円です。どこから見ているかによって、見えている事実も変わります。同じように、自分が見ている事実と相手が見ている事実は違う可能性があります。

自分から見えていることだけで判断すると、大事なことを見落としてしまう可能性があります。

コミュニケーションがうまくいかないときは、多くの場合、同じ事実でもとらえ方が人によって違うことに起因しています。だからこそ、「相手が見ている事実は何か」を知ろうとすることが必要です。

「何で?」ではなく、「何があったのかな?」と、相手が見ている事実を確認するようにしましょう。それだけで、感情的にならずにすみ、思い違いや誤解を防ぐことができます。

Tips 「何で?」ではなく「何があったの?」

一緒に行動して思考を見せ合うと教えるべきことがわかる

長年の経験や勘、キャラやセンスでやっていることって、人になかなか伝えづらいですよね。

自分が無意識でできていることを、「言葉」にして手順書などに落とし込むのは、やろうと思うとかなり難しいものです。結局、「○○さんだからできるんだよ」という結論に落ちつくことが少なくありません。

これを解決するには、うまくできる人とそうでない人、あるいはベテランと新人との間にある違いを、客観的に見える形にすることです。前項でも述べましたが、同じものを見ていても、自分と相手とでは見え方が違う場合があります。

相手を理解するには、「とらえている事実」の違いに注意を向けることです。「うまくいかなかった」というとき、それは「考えが足りていない」のではなく、「見るべきものが見えていなかった」ということがあるからです。

ひとつ、車の運転に関する実験事例を紹介しますね。

車の運転では、運転技術や車幅感覚も大事ですが、最も大事なのは「安全」です。事故につながる危険を予測し、危険を回避する行動をとれる人が「運転のうまい人」です。では、新人ドライバーと運転のうまいベテランドライバーは何が違うと思いますか。

実はその差を知る方法があります。視線の動きをマークで示す「アイマークレコーダー」を装着して運転すると、ベテランと新人とでは明らかな差があるのです。私は学生時代、この研究をしている先生のところで学んでいたので、実験の結果を見せてもらったことがありました。

実験では、ベテランドライバーはあちこちに視線を向けていることがわかりました。前方だけでなく、バックミラーを見たり、メーターを見たり、サイドミラーを見たりしています。

一方、新人ドライバーは前方ばかり見ていて、後ろや横をほとんど見ていませんでした。だから、死角に潜む危険を見落としたり、状況把握が遅れたりするのです。

この実験からわかることは、同じ状況にあっても「見えているものが違う（新人には見えていないものがある）」「見ているものの解像度も違う（理解度が違う）」ということです。このように**「差」が客観的に見えるようになると、何を強化したらよいのか、どこを変えればよいのか、ベテランや「すでにできている人」は、なぜそうしているのかを言葉にしやすくなります。**

仕事の場面で、「アイマークレコーダー」の役割を果たすものは、「紙とペン」です。紙はA4用紙を使います。A4用紙は横にして、縦に2等分する線を引いておきます。

チームメンバーの誰かと一緒に仕事をしたら、あなたとメンバーそれぞれが、「見たこと」「聞いたこと」を、A4用紙の左側に書き出します。次に、その「見たこと」「聞いたこと」に対して、「感じたこと」「考えたこと」を右側に書き出します。それぞれが書き終えたら、お互いに紙を見せ合い、共通点と相違点を探します。

たとえば、新人と一緒に営業に行ったあと、記憶の新しいうちに、「商談で見聞きしたこと」「それに対して感じたことや考えたこと」をお互いに手書きで書き出し、見せ合います。

あなたと新人とで見ているポイントの違いやお客様のどの言葉に反応したのかなどの違

いがあれば、そこが指導をすべきポイントです。あなたのアンテナには引っかかってきた情報を、新人は見逃しているからです。もちろん、新人の情報にも役立つ部分があることもあります。

また、見聞きしたことは同じでも、そこに対する解釈が違っている場合もあります。「今月末までに納品してほしい」とお客様から言われて、あなたは「納期が厳しいな」と思っても、一緒にいたメンバーは「まだ余裕があるな」と思っていたなら、なぜそう感じたのかを掘り下げることで、教えることが見えてきます。

紙に書き出して「見える形」にすることで、メンバーの「現在地」（メンバーが書き出した紙）と目指す「ゴール」（あなたが書き出した紙）が明確になります。「経験」や「勘」、「キャラ」や「センス」という「見えないもの」に注目するのではなく、**何を見て、聞いて思ったのか、それぞれがとらえた「事実」の違いに注目する**ことで、教えるコミュニケーションもスムーズにいきます。

Tips

「何が見えていないのか」に着目する

モチベーションが上がる言葉のかけ方

「よく頑張ったね」
「この資料、よくできているね」

そんなふうに言われて、嫌な気持ちになる人はいないでしょう。言う側としても、相手にとって耳の痛い話をするより、ほめるほうが気持ちも楽です。相手の「できていること」に目を向けて「ほめて伸ばす」を意識していた私ですが、一方でモヤモヤした気持ちも抱えていました。

いつも「いいね」「頑張ったね」と声をかけることが、本当にメンバーのモチベーションアップにつながっているのだろうかという疑問です。

普段はダメ出しばかりして、なかなかほめない人が珍しくほめてくれたときなんて、飛び上がるほど嬉しい気持ちになりませんか。

逆に、いつもほめてくれる人がほめてくれても、そこまで嬉しい気持ちになるかというと微妙です。だからといって、「あまりほめないキャラ」にもなれず、私はモヤモヤしていました。

そこで参考にしたのが、「人の意識レベル」を考慮した声かけです。アメリカのビジネスコンサルタントで「NLP（Neuro Linguistic Programming：神経言語プログラミング）」の共同開発者であるロバート・ディルツ博士は、人の意識レベルを次ページ図のように6つのレベルに分類しました。

レベルは下から「環境」「行動」「能力」「信念・価値観」「自己認識」「スピリチュアル（自分を超えた存在）」に分類されます。

ほめる場合には、「能力」「信念・価値観」「自己認識」といった上のレベル、つまり人間性に近い部分に寄り添ってほめると、ほめられた側の承認欲求が満たされます。

たとえば、あなたがいつもデスクの上をきれいに片づけていたとしましょう。

「いつもデスクがきれいに整頓されていますね」（環境レベルに着目）

と言われるより、

■ 6つの意識レベル ■

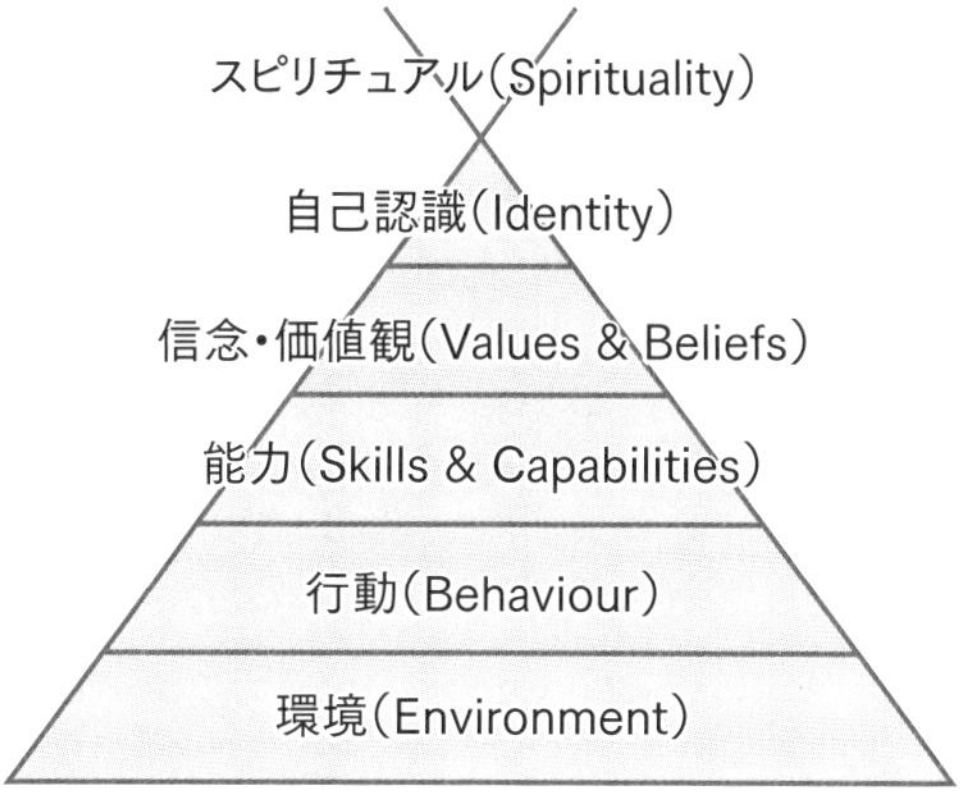

「どんなに忙しくても、整理整頓する時間をつくって継続する力があるのはすごいですね」(能力レベルに着目)

「仕事の基本は整理整頓からという姿勢が感じられますね」(信念・価値観レベルに着目)

と言われたほうが、「自分を認めてもらえている」感じがしませんか。

メンバーをほめるときにも、目に見える結果や行動だけをほめるのではなく、「能力」「信念・価値観」など、より上位のレベルに着目してみましょう。

ポイントは、あなたが「ほめたい」と思った理由である「具体的な事実」、つまり相手の具体的な行動をあげながら、「能力」「信念・価値観」をほめることです。

たとえば、メンバーが大きな商談をまとめたとき、あなたならどう声をかけますか。

「よくやったね」と「契約を獲得したこと」をほめるより、「商談ではいつも、お客様の話をよく聞いて発言していたね」というように具体的な行動を示したうえで、

「いつもお客様のことを第一に考えている姿勢の賜物ですね」

「お客様のお困り事に最適な提案をできる力が備わってきましたね」

というように伝えてみてはどうでしょう。具体的な事実が示されることで、メンバーは何が評価されたのかがわかります。

また、「お客様のことを第一に考えている」といった「信念・価値観レベル」のような「目に見えない」部分は、本人自身も気づいていないことが多いものです。こうした言葉をかけることで、メンバーにも新しい発見があり、やる気が倍増するでしょう。

Tips 「具体的な行動」をあげながら言葉をかける

ひとつ上の上司からほめてもらうように手を回す

「ここ一番で頑張って大きな成果をあげた」
「会社に対する貢献度が高かった」
というようなときには、さらにメンバーのモチベーションをあげる方法があります。それは、あなたの上司から直接ほめてもらうようにするのです。

あなたのチームメンバーにとっては、上司の上司です。組織の大きさにもよりますが、直接言葉を交わす機会はそれほど多くないでしょう。

とくに、大企業や工場では、ひとつの部門に所属する社員が100名以上という場合もあります。そんな大所帯になると、メンバーが直属の上司以外のリーダー層と話をする機会は滅多にありません。

ですから、**自分の上司にメンバーをほめてもらうことは、「そのメンバーの顔を売る」**

チャンスでもあるのです。それに、普段関わりのない人が、わざわざ自分をほめてくれるというのは、嬉しいものです。

自分の上司に「メンバーをほめてほしい」と伝えるときには、「今回、Aさんが頑張ってくれたので、部長からもほめてくれませんか」というようにフワッとした言い方で頼むのではなく、Aさんの「具体的な行動」を伝えるようにしましょう。

たとえば、「今回の商談がまとまったのは、Aさんが1000件以上のお客様の声を集めて、分析したことがきっかけだったんです」などのように、**あなたが評価している「具体的な行動」を伝える**のです。

また、成果についても、具体的に伝えましょう。たとえば、「業務効率が上がった」と言うよりも、「誰でも簡単に入力できる仕組みを、お金をかけずにつくってくれました。おかげで、今まで1時間かかっていた作業が20分で終わるようになりました」というように、具体的に伝えます。具体的に伝えないと、あなたの上司も何をどう評価したらよいのか困ってしまうからです。

あるとき、大事な機械が故障して動かなくなってしまうトラブルが発生しました。私のチームメンバーのひとりが、すぐに応急処置をして復旧させ、大きなトラブルに発展するのを防いでくれました。
そのとき、現場に一緒にいた私の上司である男性部長が「君、頼りになるなぁ」と彼に声をかけたのです。
その言葉を聞いて、彼はとても嬉しそうな表情をしました。私はその表情を見て、「普段ほめてくれる機会のない人からほめてもらうのは嬉しいものなんだな」と思うと同時に、まったくの主観ですが、「男性は男性の上司からほめてもらうと嬉しいのかもしれないな」とも感じました。

いずれにしても、他のリーダーからほめてもらうという経験は、メンバーにとって嬉しいものです。ここぞというときには、ぜひ、あなたの上司から直接言葉をかけてもらう機会をつくってみてください。

Tips

メンバーの「具体的な行動」を上司に伝える

メンバーの失敗は「どうすればよくなるか」で考える

問題を解決するとき、「なぜ」を繰り返して問題の真の原因を突き止めていく手法があることをご存知でしょうか。

この「問題解決手法」は、とくに製造業でよく使われています。機械のトラブルが起きたときや、業務改善を進めていくときなど、私たちもこの手法をよく使っていました。でも、この手法は「人」に対して使うのはおすすめしません。「犯人さがし」のような状況をつくってしまうからです。

担当者の勘違いで水漏れトラブルへの対応が遅れるという出来事が起きたときのことです。「なぜ的確な対応ができなかったのか。原因をしっかり考えて対策をとるように」と指示が出て、私たちは「問題解決手法」を使って原因を探り始めました。

「今回のトラブルへの対応について、どこがまずかったと思う?」

「すぐに現場を確認しに行かなかったことです」

「生産側で何かをやっているのだろうと、思い込みで判断したこともまずかったです」

「じゃあ、なぜすぐに現場を確認しに行かなかったんだろう？」

「大したことがないと思っていたからです」

「じゃあ、なぜ大したことがないと思っちゃったんだろう？」

「……」

段々とお通夜のような雰囲気になってきました。結局行き着いた先は、「担当者の力量が不足していたから」みたいな、まるで犯人さがしのような結論でした。私はこの「なぜ？」を繰り返していくのが、人を追い詰めているようで、息苦しさを感じていました。


それから数か月後、管理職を対象にした研修会がありました。テーマは「活気のある職場にするために何をしたらよいか」。外部講師を呼んでの研修会でした。その研修会で、講師は開口一番、こんな話をしてくれました。

「従来の問題解決手法は、物やシステムに関する問題にはとても有効です。でも、人や組織の問題には向きません。**何が悪かったのかではなく、どうなったらいいかという視点で考えることが大事**です」

その言葉を聞いた瞬間、今まで抱えていたモヤモヤが消えて、目の前が明るく照らされました。この**「解決志向」**という考え方は、その後の私にとって大切な指針となりました。

それからしばらく経ったある日、緊急度の高いトラブルが発生しました。これまでに対応した経験のない若いメンバーは、現場で何をしたらよいかわからず、初動対応が遅れました。

次の日、私はチームメンバーを集めてミーティングをしました。トラブルの発生状況や原因、当日の対応内容について説明したうえで、「なぜ対応が遅れたか」ではなく、「何ができていたらよかったと思う?」と聞きました。すると、メンバーから次々と意見が出てきました。

「じゃあ、そのためにはどんなことができるだろう?」

そう問いかけると、「現場に表示をしよう」「図面も置いておこう」「チェックシートをつくろう」といろいろなアイディアが出てきました。

さらに、「ひょっとしたら今回のトラブル、前兆があったと思うよ」と、前兆としてよく見られる現象を説明し、「その現象を、より早くつかめるようにするには、どうしたらいいと思う?」と問いかけました。

ひとりのメンバーが、「普段から点検するときに、よく観察すれば見つけられます」と答えたので、「そのために何ができる?」と問いかけると、「点検表に追加します」「現場にも表示をしておこう。それは私たちの班でやります」と自発的に行動をしてくれるようになったのです。

みんな生き生きとしていました。ほしい結果を共有することで、犯人さがしのようなことをしていたときよりも、職場の雰囲気はよくなりました。

「どうなりたいか」を描いて、「そのためには?」「そのためには?」と考えていくと、さまざまなアイディアが出て、どんどん行動したくなります。その一歩一歩は小さいかもしれません。でも、確実にほしい結果に近づいていく実感がありました。

人に関わる問題は「何が問題だったか」ではなく「ほしい結果」に焦点をあてましょう。職場の雰囲気がよくなるだけでなく、チームが自発的に行動するようになりますよ。

Tips

「ほしい結果」から考える

行動を改善してほしいときの伝え方

「会議に遅刻してくることが多い」
「うっかりミスが多く、顧客から担当を変えてほしいとクレームがきた」

チームメンバーのこうした「問題」に直面したとき、「リーダーとしてピシっと注意できるだろうか」と不安に思う方もいるのではないでしょうか。人に注意をしたり、その人にとって耳の痛い話をしたりするのは、エネルギーがいりますよね。

私は、メンバーに嫌われることを恐れて、「今度から気をつけてね」と言うのが精一杯で、最初はなかなか注意することができませんでした。また、こちらにそのつもりはなくても、相手に「パワハラ」だと受け止められてしまったら、不本意ですよね。

問題のある行動を改善してもらいたいときには、「客観的な事実」に着目するのがポイ

ントです。

150ページで、人の意識には6つのレベルがあり、人をほめるときには、図に示したピラミッド構造の上のほうの「能力」や「信念・価値観」「自己認識」に関するところをほめるようにします、という話をしました。でも、**注意をするときは、この逆です。ピラミッド構造の下のほうの「行動」や「環境」について伝えるようにします。**「環境」とは、いつ、どこで、といった外的な状況のことをいいます。

「会議に遅刻してくる」「うっかりミスが多い」「仕事の納期を守れない」といった人に対して、「あなたはだらしがない」「あなたはまだ学生気分でいるようだ」「あなたは仕事が遅い」など、「あなたは○○だ」という言い方は、相手の「自己認識」「信念・価値観」「能力」を否定した言い方です。こうした言葉は、相手を傷つけます。「人格を否定された」と感じる人もいるでしょう。

改善したいのは「問題のある行動」です。

「あなたは○○だ」ではなく、「あなたの○○という行動が問題だ」というように、具体的な行動を指摘するようにします。

さらには、そうした行動を引き起こす「環境」に問題がある場合も考えられます。たとえば、「そもそも会議の設定時間に問題がある」「ミスを予防できる仕組みがない」といった問題です。「環境」を改善するだけで、「問題のある行動」が改善する場合もあります。

「何があれば改善できるか」を、対象メンバーと一緒に考えてみるといいですね。そのうえで、「どうすればよいか」具体的な行動を相手に考えてもらいましょう。**「今度から気をつけます」ではなく、「今度からこうします」というように、具体的な行動を決めてもらうことが大事**です。

Tips

「○○という行動や環境に問題がある」ととらえよう

メンバーの「問題のある行動」を改善するときには、「客観的な事実」としての「具体的な行動」と「その行動を引き起こす環境」に着目しましょう。メンバーの成長や職場の環境改善につなげることができます。

誰と組んで仕事をしてもらうかを決められる

仕事の役割分担を決めたり、プロジェクトのチーム編成をしたりするときに、メンバー同士の相性や、得手不得手を考えて組み合わせを考えることができるのも、リーダーだからこそです。

私の職場では、昼勤と夜勤のある交替勤務をする社員がおり、5～6名から成るチームを4チームつくって仕事をまわしていました。

高校を卒業したばかりの新入社員から定年間近の社員まで、メンバーの年代も経験もさまざま。若いけれど、専門資格を持っていてスキルの高い社員もいれば、まったく違う職種から異動してきて、現在の業務に関する経験は浅い年配社員もいました。

チームのメンバー構成をずっと変えずにいると、チーム内での役割が固定化してしまうので、新入社員を配属するタイミングで、毎年チーム編成の見直しをしていました。頭を悩ますこともありましたが、メンバーをよく知るチャンスでもありました。

面談で、「これからどんなことができるようになりたいのか」を聞いたり、「他のメンバーに対して自分は何を提供できると思うか」を聞いたりして、メンバーの組み合わせを考えました。

たとえば、「電気設備について詳しくなりたい」というメンバーがいれば、電気設備に詳しいメンバーと同じチームになるようにするといった具合です。

他にも、苦手な人がいるかどうかを聞いて、同じチームにならないようできるだけ配慮することもしました。

教え方のうまいメンバーがいるチームは若手メンバーに人気で、「Fさんと同じチームになりたい」と言われることもよくありました。そういう場合は、最も意欲があって、1年後にはFさんと同じ役割を果たすことができそうだと思うメンバーをFさんと同じチームにして、Fさんに育ててもらうようにしました。

もちろん、仲良しクラブをつくるわけではないので、メンバーの希望全部に応えられるわけではありません。チームの編成をした後は、メンバー一人ひとりに、なぜこの編成にしたのかという理由と、「あなたにはチームでこんな役割を担ってもらいたい」ということを伝えていました。

メンバーが少ない場合は、業務が属人化しがちです。

こうなると、その業務を担当している本人は休みづらくなりますし、仮に病気などで急に出社できなくなった場合には、業務が回らなくなる可能性もあります。これは組織にとってはリスクです。

私の場合は、メイン担当とサブ担当という形で、他の人と組んで仕事をしてもらうようにしていました。メンバーにとっては、サブ担当としての仕事が増えることになります。不満が出るかなと心配しましたが、逆に「新しい仕事を覚えることができてよかった」と言ってもらえました。

また、自分だけでやっていたときには気づかなかった改善点が見つかったケースもあります。一部の仕事だけでも誰かと組んでやれるようにしてみると、お互いの仕事を知ることができて、いいチームワークをつくっていくことができます。

失敗やトラブルは「ストーリー」にして共有する

誰でも失敗はしたくないし、面倒なトラブルには遭遇したくないものです。実際、仕事で失敗したり、トラブルが起きたりすることは、それほど多くありません。だから、たまたま遭遇してしまうと「運が悪かった」という気持ちになります。

でも、滅多に起こらないことだからこそ、貴重な経験になると私は思います。それに、失敗は「最高の教材」です。これを活かさない手はありません。ただし、「再発防止のために手順書を追加した」「社員の再教育をした」というだけでは、「形だけ」の対応になってしまいます。なぜなら、自分が経験していないことは、どうしても「他人事」になるからです。

では、どうしたら「自分事」として受け止めてもらえるでしょうか。

それは、「もしも自分がその場にいたら」という前提で、事例を振り返ってもらうことです。そのために私は、起きた失敗事例やトラブル事例をストーリーにして伝えることにしました。

「発生状況」「原因」「対策」を箇条書きしたような報告書では、たとえ読んだとしても発生当時のことをありありと思い浮かべることはできませんが、**再現ドラマのようにストーリー化すると、自分がその場にいるような気持ちになれる**からです。

たとえば、「担当者の勘違いで水漏れトラブルへの対応が遅れた」という出来事を例にすると、「トラブル発生報告書」の記載であれば、

【発生状況】
- ○時○分：冷却水タンク水位低下警報発報
- 生産部○○班長にメンテの有無を確認

と、2行で終わる内容を、次のようにストーリーにまとめました。

「ある日、『冷却水タンク水位低下警報』が発報しました。この警報は、生産装置のメンテナンス時に時折出る警報で、しばらく時間が経つと復旧します。私は『いつものように、

生産装置のメンテナンスをしているのだろう』と考えました。それで、生産部の班長にメンテナンスをしているかどうか、電話で確認しました」

報告書の2行からでは読み取れない情景や、当事者の心情も文章に含めました。こうすることで、当時の現場の「生々しさ」を伝えることができます。

この文章を実際にチームメンバー全員に読んでもらい、「どうすればよかったのか」「自分だったらどうしたと思うか」を考えてもらいました。

メンバーは、状況を客観的に見ることで「本当はタンクの状態を確認しに行かなければいけなかったのに、メンテナンスだろうという思い込みで判断したことに問題があった」と気づくとともに、「自分もその場にいたら、同じように思い込みで判断していたかもしれない」と感じてくれました。

「再現ドラマ」のようにする方法は、いろいろとあります。たとえば、「地震体験車で震度6を体験する」というように、実際に同じような状況を模擬でつくり出すという方法もあります。また、お客様からのクレームへの対応などをロールプレイングで再現するということもできますよね。ただ、準備に時間や費用がかかることもあります。

その点、文章で再現するのは簡単です。そして、一度つくっておけば、その後はいつでも必要なときに読んでもらうことができます。

A4の紙1枚の「トラブル発生報告書」といった、箇条書きで記述されたものは「記録」です。**「教材」として生かすなら、当時の状況がありありとイメージできる「文章」で残しておく**ことをおすすめします。

Tips

失敗やトラブルは「文章」にしておくと活かせる

あらゆる仕事を進めやすくするには

会社はさまざまな組織から成り立っていますが、利害が対立する部門や部署もありますよね。

たとえば、営業部と生産部門です。「営業が顧客からの特別注文を受けたために、生産計画が変更になるだけでなく、残業しなければ間に合わず、生産部門から不満が出る」ということが起きます。

また、取引先との関係も「発注者と受注者」という構図でとらえてしまうと、発注者側が無理難題を押しつけてきたり、「自分たちのほうが偉い」と勘違いしたりするケースがあります。

そうした**利害が対立する組織の人たちとは、リーダーが率先してよい関係を築いておく**ようにしましょう。

同じ会社内でも、急な割込み仕事やミスの発生で迷惑をかけたり、かけられたりすることはあります。そんなとき、リーダーの姿勢によって、気持ちよく協力できるかどうかが決まります。

私も、まだ一担当者だったときに、他部門から「何とか今週中にデータを提供してほしい」と言われ、他の仕事の手を休めて対応することがありました。

そういうとき、「申し訳ないけれど、お願いします」と、その部門のリーダーから直接依頼がくることもあれば、「やってもらって当然」というような頼み方をする部門もありました。こちらの仕事が忙しくて手が回らずにいると、相手の担当者から「いつ頃できそうですか。上司から刈り取りするように言われていて…」と電話がかかってきたこともあります。

さすがにその言い方にカチンときて、「もうあの部門には協力したくない」という気持ちになってしまいました。

そうした経験をしていたので、他部門や取引先に迷惑をかけたときや、イレギュラーなお願いをした際には、常に私が出向いて頭を下げるようにしていました。また、そもそも急な割込み仕事を発生させないように気をつけていました。

同じ会社なのですから、お互いに協力し合わなければならないのは当たり前ですが、どうせなら気持ちよく協力したいものですよね。

リーダーが率先して取引先や関係部門とよい関係をつくっておくと、「〇〇さんのところの頼みなら」と、イザというときに助けてもらえます。そうすることで、実務を担当するメンバーは、仕事を進めやすくなります。

Tips

リーダーが他部署とよい関係をつくる

説明するときは中学生にもわかる言葉を使う

仕事のことも社内のことも、まだよく知らない新入社員。そんな新人に説明するときこそ、コミュニケーション能力をアップさせるチャンスです。基本的には、中学生にもわかる言葉を使って説明するようにしましょう。

とくに自社の中だけでしか通じない社内用語や略語は、つい使ってしまいがちです。でも、何の説明もないまま、いきなり社内でしか通用しない言葉を使われてしまうと、相手は「疎外感」を持ってしまいます。

そんなつもりはなくても、配慮のなさが伝わってしまいます。これは中途で入ってきた社員に対しても同じです。

とはいえ、社内用語や略語は、できるだけ早く覚えてもらったほうが、新人も仕事を進めやすくなると思います。用語集をつくっておくのもよいですね。

それぞれの職種に特有の用語もあると思います。あなたの仕事では、どんな用語が使われていますか。用語によっては別の表現がしにくい場合もあるでしょう。

でも、できる限りわかりやすい言葉に置き換えて説明することが大切です。そのためには、身近なものにたとえたり、具体例を示しながら説明したりすると、相手もイメージがしやすくなります。

私の職場でも、さまざまな専門用語が使われていました。たとえば、排水処理場には「加圧浮上装置」という装置がありました。排水に含まれる油やゴミなどを浮かせてかき取る装置です。これを「加圧水を使って、排水中の…」などと説明し始めると、

「加圧水って何ですか？」

「加圧水というのは、加圧した空気を水に溶かしたもので…」

「加圧した空気を水に溶かすって、どういうことですか？」

というように延々と説明しなければならなくなります。

これを「たとえ」を使って説明してみましょう。

「サイダーをコップに注ぐと泡が出て上に上がるでしょ。それと同じ原理を使って、泡にくっついて浮かんできた排水中の油やゴミなどの固形物をかき取る装置です」

少しはイメージしやすくなったのではないでしょうか。**ポイントは、「説明しすぎないこと」と「正確さにこだわらないこと」**です。専門用語が表している内容のうち、「一番特徴的なことや本質的なこと」に注目して身近なものにたとえると、わかりやすくなります。

言葉で説明するのが難しければ、実物を見せたり、図を描いたりしてもよいですね。

さらに、難しい日本語を使うことも避けたいものです。コンビニエンスストアで、お客さんから「宅配便のシュウカは何時ですか」と聞かれた外国人の店員が、「シュウカ」の意味を理解できず、困ってしまったという話を聞いたことがあります。

「シュウカ」は「集荷」のことですが、「何時に荷物を取りにきますか」「何時に荷物を集めにきますか」のように、やさしい表現だったら、外国人にも伝わったかもしれませんね。

基本は「中学生にもわかる言葉を使う」です。

Tips

専門用語や業界用語はいきなり使わない

何かを「伝える」ときは具体的にイメージできる言葉で

「伝わる」とはどういう状態のことだと思いますか。

「伝わる」とは、「イメージが共有されていること」、つまり、自分の伝えたことと、相手の頭に浮かんだイメージがほぼ一致している状態を指します。そのためには、相手が具体的にイメージできる言葉を使う必要があります。

ところが、会社には抽象的な言葉があふれています。「業務の効率化を図る」「社員の意識を向上させる」「研修の内容を充実させる」といった言葉です。

とくに、会社のビジョンや経営方針などは、抽象的です。なぜなら、仕事も役割も異なる集合が同じ方向を向くには、解釈に幅を持たせ、さまざまな意味を含ませる必要があるからです。

そのビジョンを自分のチームに落とし込み、一人ひとりがどう実現していくのか、具体的な目標をつくっていくのが、私たちリーダーの役割です。

そこでは、使う言葉も具体的にして、実現したときの未来の情景をありありと描き、そのイメージを互いに共有できるといいですね。

たとえば、「メンバー一人ひとりが成長を感じられるチームにしたい」のであれば、具体的にはどのような状態になっていたら、「一人ひとりが成長を感じられるチーム」といえるのか、イメージできるレベルにまで落とし込んでいくことです。

このとき、「定期的に勉強会を開く」「資格取得を奨励する制度をつくる」「成長度が客観的にわかるように、スキルを数値で評価する」というように、私たちは「How（どのように）」に意識を向けがちです。確かに具体的ではありますが、「未来像」とはいえません。それをすることで、どうなるのか、視点をもう少し先に置くことがポイントです。

具体的にイメージするコツは、「どんな人がどうなったらいいのか」を考えることです。「一人ひとりが成長を感じられるチーム」にしたいなら、「どんな人がどのような状態になったら、成長を感じられたと思えるのか」を考えるのです。それを具体的なセリフや情景も交えて描きます。

たとえば、「トラブルが起きても対応方法がわからず、先輩社員の後ろで決まり悪そうに立っていた社員が、自分から他の人に指示を出してテキパキと対応している」というように、映像で浮かんだり、声が聞こえてきたりするくらい、具体的に描きます。

「成長を感じられる」という言葉からでは見えない映像が見えてきませんか。そして、話を聞く側も具体的にイメージができるので、「そういう未来を目指すなら、こんなことをやってみてもいいかも」というアイディアが生まれやすくなります。

「どんな状態を得たいのか」「どうなりたいのか」を、イメージできるレベルにまで落とし込んでいくのは、メンバーの目標設定のときなどにも使えます。

初めは抽象的な言葉が出てくると思いますので、「それでどうなりたい？」「そうなったら、どんな気持ちになる？」「誰がどんな言葉をかけてくれそう？」と、絵を描くような気持ちで質問してみましょう。

言葉が具体的になれば、実現へのスピードは加速しますよ。

Tips イメージできるレベルで言葉にする

指示は動作レベルまで分解して具体的に出す

行き違いなどのミス・コミュニケーションが起きる原因のひとつは、「言わなくてもわかるだろう」という思い込みです。

私たち日本人は「察する」のが得意だと言われていますが、それでも伝わらないことは本当によくあります。あなたにも覚えがあると思います。**言葉の解釈は人それぞれ**だからです。

また、くどくど説明しなくても、言いたいことが伝わるのは、同質性の高い集団だからこそです。

職場は性別も年代もさまざまですし、これからは他国の人と一緒に働くことも増えてくるでしょう。こちらの意図を相手が察して理解してくれるのを期待するのではなく、指示は具体的に出しましょう。

「今日中に」ではなく、「15時までに」と具体的な時間を示す、「今週中」ではなく、「〇日までに」と具体的な日にちを指定するといった具合です。

こちらは定時までのつもりで「今日中」と言ったのに、相手は「今日の23時59分まで」のつもりかもしれません。「今日中といったら定時までと考えるのが普通」と思っていても、それはあなたにとっての普通であって、相手も同じとは限りません。**自分と相手は違うという前提で伝えることが大事**です。

「検討して」「考えておいて」という場合も同様です。「検討する」「考える」と言われても、相手は具体的に何をしたらよいのかわかりません。

「お客様が来たときに渡す資料が必要だね」というような「匂わせ」もダメです。「案を3つ出して」「イエスかノーか結論を出しておいて」「資料を〇部つくって、会議室の机に並べておいて」というように、何をするのか、動作レベルの表現にして伝えましょう。

また、チャットなどで指示を出す場合もあると思います。たとえば、上司から次のようなチャットがきたら、あなたは赤ペン、青ペンそれぞれ何本持っていきますか。

「赤ペンと青ペン2本持ってきて」

あるセミナーでこの質問をしたら、「赤ペンと青ペンを2本ずつ持っていく」「赤ペン1本と青ペン2本を持っていく」「赤ペンと青ペンを1本ずつ持っていく」と3パターンに分かれました。

つまり、受け取り方は人によってバラバラだったということです。赤ペン1本と青ペン2本を持ってきてほしいのだとしたら、「赤ペン1本と青ペンを2本持ってきて」というように、きちんと伝える必要があります。

口にしたり文字にしたりすると、くどいように感じるかもしれません。でも、**仕事の指示はくどいくらいがちょうどよい**のです。誰が聞いても同じ解釈ができるよう、具体的に伝えましょう。

Tips

くどいと感じるくらい具体的に伝える

新しいことを始めるなら「なぜそうしなければならないか」から

リーダーの立場になると、新しいやり方やルール、これまでにやったことのない活動を進めていかなければならないことがあります。でも、新しい制度やルールが導入されるとき、「また面倒なことが始まるな」という気持ちになったことはありませんか。

新しいマネジメントシステムの導入、新たな人事制度や評価制度の導入など、世の中の変化に合わせて変えなければならないことは多いですよね。

しかし、鳴り物入りで始まったのに、いつの間にか形骸化していたり、運用されないままフェードアウトしたりすることもあります。なぜ、そうなってしまうのでしょうか。

それは、人は本来「変化を嫌うもの」だからです。今差し迫って困っていないのに、わざわざ変わるための労力を使いたくないですよね。とくに、会社のことは「自分事」としてとらえにくいので、「面倒」だと感じるし、「やらされ感」がつきまといます。

全員が「変わらないといけない！」と納得し、**新しい活動や制度を定着させるためには、一定のプロセスが必要になります。**

それは、**「①解凍→②変革・移行→③再凍結」**という3つの段階です。これはドイツ出身の社会心理学者、クルト・レヴィン氏が1947年に提唱した「3段階変革モデル」です。

第一段階の**「解凍」**では、今までのやり方や考え方を変えなければならないことを自覚して変わるための準備をし、第二段階の**「変革」**で新しいやり方や考え方に移行します。そして、第三段階の**「再凍結」**で、新しいやり方や考え方を定着させる、この3つのステップが必要だとレヴィン氏は述べました。

丸い氷を四角形の氷にするイメージをしてみると、わかりやすいと思います。丸い氷はそのままでは四角形になりません。でも、いったん溶かして水にしてから、四角形の容器に移し替えて凍らせたら、四角形になりますよね。

私は会社の研修で初めてこの「3段階変革モデル」を知ったとき、「解凍」というプロセスから始まることにハッとしました。

それまでは、何か新しいことを始めるときは、どう始めるか、どう定着させるかということに意識を向けていました。でも、**大事なのは初めに「解凍」すること、つまり「今ま**

■クルト・レヴィンの３段階変革モデル■

でのやり方を手放し、なぜ新しいやり方が必要なのか」を伝え、共有することだったのです。

当時私は、工場の環境対策や社員への環境教育を推進する仕事をしていました。世間からは「環境に配慮した工場」と評価していただいていましたが、エネルギーの使用量も廃棄物の排出量も、断トツに多かったのです。

毎月莫大な電気代を支払っているのに、省エネルギーのためにやっていることといえば、「昼休みに部屋の電気を消す」というような活動に終始していました。

そこで私は、省エネルギーを進めるための体制や、部門ごとに省エネルギーの目標をつくるなど、新しい仕組みづくりを進めました。しかし、うまくいかなかったのです。「解凍」というプロセスを経ずに、新しい仕組みだけをつくっていたからでした。丸い氷の前で、「これからは四角形になって」と言っているようなものです。

「変わらなければならない」と理解してもらうことが必要だと気づき、私は今までのやり方を変えました。

たとえば、「電気使用量」や「二酸化炭素排出量」ではなく「電気代（金額）」でメッセージを伝えたり、「変わらないことによるリスク」をマネジメント層に向けて発信したりして、「今のままではいけない」という危機感を共有するようにしました。

また、これからどんな工場にしていきたいのか、世の中はどんな工場を求めているのか、「目指したい姿」を話し合いました。

こうした活動をするうち、協力してくれる人が現れるようになりました。また、社員を対象にとったアンケートでも、83%の人が「環境問題に対する意識が変わった」と回答し、少しずつですが、活動がうまく回るようになっていきました。

新しいことを始めるなら、「なぜそうしなければならないのか」を理解してもらうこと。焦らず地道に伝えることから始めていきましょう。

Tips

「なぜ新しいやり方が必要なのか」を伝える

直接口頭で「ありがとう」を伝える

中国での出来事です。ある仕事を頼んでいた中国人スタッフから、仕事の完了報告を受けました。

報告の内容を聞いたあと、私が彼に「ありがとう」と言うと、彼は笑いながら「奇怪（チーグアイ）」（「変だ」「不思議だ」という意味）と言うのです。

「上司なのにお礼を言うなんて、変だ。上司から言われた仕事をするのは当たり前のことで、お礼を言われることじゃない」というわけです。

確かに、中国人の上司たちが部下に「ありがとう」と言っている姿を見たことはありませんでした。「上司の指示した仕事をやるのは当たり前」と言われれば、そういうとらえ方もあるでしょう。

でも、やはり仕事とはいえ、やってくれたことには「ありがとう」を言いたいと私は思っていました。

「私はたとえ上司と部下の関係でも、やってくれたことにはお礼を言いたいし、日本でもそうしてきたよ。だから、ここは日本流でやらせてね」と中国人スタッフに伝えました。もちろん、彼もＯＫと言ってくれました。

実際「奇怪」と言ってきた彼も、ほかの中国人スタッフも、私が「ありがとう」と言うと、とても嬉しそうな顔をするのです。**「ありがとう」と言われて、嫌な気持ちになる人はいない**のだということを、中国で改めて感じました。

「部下だからやって当たり前」

「こちらがお金を払っているんだから、やってもらって当たり前」

そんな心持ちでいるよりも、「やってくれてありがとう」という気持ちでいるほうが、自分も心地良いものですよね。

それに、「当たり前」と思っていたことが突然失われたときに、初めてその「ありがたさ」がわかったというのは、よくある話です。「当たり前」だと思っていることの「ありがたさ」

を忘れずにいたいものです。**「ありがとう」を言い合える職場は、自然と助け合える職場になります。**

ひとつだけ気をつけてほしいのは、「口先だけ」の言葉にならないこと。

パソコンの画面を見たまま、「ありがとう。そこに書類を置いといて」では、相手に感謝の気持ちは伝わりません。ほんの数秒のことです。何かをしている途中なら、手を止めて、**相手の目を見て「ありがとう」と言いましょう。**

大事なのは、「ありがとう」という言葉を言うことではなく、感謝の気持ちを相手に伝えることです。

Tips

感謝の気持ちを相手に向ける

リーダーも報告を大切にする

チームメンバーと話をしている中で、「それ、○○部に聞いておくね」「本社に確認しておくね」というような場面がありますよね。

ところが、忙しくてつい忘れてしまい、「そういえば、あの件って聞いていただけましたか」と聞かれて、あわてて問い合わせるといったことが、私は何度かありました。

「こういうのが一番信頼をなくすことだな」と、落ち込むこと数回。結局、「あとでやろう」と思うと忘れてしまうので、「今聞いてみるね」と、できる限りその場で問い合わせるようにしました。

また、問い合わせをしてもすぐに回答が返ってくるとは限りません。時間がかかる場合には、「この間の件、今○○部に確認しているけど、まだ回答が来ていないから、もう少し待って」と途中経過を報告するようにしました。

そうしておけば、相手も安心するからです。こうした「ちょっとしたやりとり」を大事にすることで、職場のコミュニケーションはよくなります。

職場のコミュニケーションといえば、昔から言われているのが、「報《ほう》・連《れん》・相《そう》」です。報告・連絡・相談ですよね。仕事の基本と言われます。以前の私は「報・連・相は部下が上司に対してするものだ」と思っていました。

でも違いました。**上司もチームのメンバーに対して「報・連・相」を行わないといけない場面は多くあります。**また、受け身でいるのではなく、リーダーから行動を起こしていくことが大事ではないかと考えています。

最近は「部下からの報告がない」と悩む方が多いと聞きます。

私は中国で同じような悩みを持ちました。中国にはそもそも「報・連・相」という慣習がないからです。「あの仕事は、どこまで進んでいるのだろう？」と思ったら、こちらから聞きに行くしかありませんでした。

でも、何度も聞きに行ったり、細かいところまで根掘り葉掘り聞いたりしたのでは、相手は「自分は信頼されていないのか」と思ってしまいます。私は私で、自分の日本人上司に仕事の進捗を報告しなければならなかったので、情報を集めるのに四苦八苦していました。

最初は、中国人スタッフが報告をしてくれないことにモヤモヤを感じていた私ですが、私が日本人上司に進捗報告していることを中国人スタッフには伝えていなかったし、私の上司から言われたことを中国人スタッフに伝えることもしていなかったことに気づきました。私も彼らに報告をしていなかったのです。

そこで、なぜ私が報告をしてほしいと思っているのか、理由を説明したうえで、いつ、どんな内容の報告をどんな形でほしいのかを話しました。

たとえば、「毎週月曜日に、工事の進み具合を示したグラフのデータをチャットで送ってほしい」というように具体的に伝えたのです。目的と、何をすればよいのかがわかると、彼らも報告してくれるようになりました。言い換えると、それも仕事の一部になったのです。

そして、日本人上司からのフィードバックがあれば、「この間の報告資料、こんなフィードバックが来たよ」と、中国人スタッフに伝えるようにしました。こうしたやりとりを続けていると、「この報告も含めたほうがいいですか」と向こうから聞いてくれるようになり、仕事を進めやすくなりました。

「報告がこない」とイライラしながら待っていても、何もよいことはありません。むしろ、こちらから働きかけましょう。上司の側も、部下に報告することはあるはずです。たとえば、「先日Aさんの提出した決裁申請、さっき本部長に呼ばれて説明してきたよ。今日中に承認されると思うよ」というような、ちょっとしたことで構いません。できる限り、自分から部下のいる場所に出向いて伝えましょう。

私は**「相手は自分を映す鏡」**だと思っています。相手から報告がないのは、自分も相手に報告をしていないからかもしれません。日常の小さなコミュニケーションを大切にするところから始めてみましょう。

Tips

「ちょっとしたやりとり」を大事にする

第6章

リーダーになったのだから、もう一歩踏み出してみよう

• • •

リーダーという役割を与えられたからこそ
見える景色があり、やれることがあります。
そして、自分の成長につながるチャンスでもあります。
先輩女性リーダーの事例も紹介しながら、
あともう一歩踏み出すための
考え方についてお伝えします。

やる気があるならさっさと手をあげよう

自分の思いは、言葉にして伝えないと相手にはわかってもらえません。

会社によっては、自分のキャリアプランについて上司と話し合う機会があったり、自分の希望を申告できる制度があったりするかもしれません。でも、そうした機会だけでなく、自分の思いや希望は日頃から発信するようにしましょう。

なぜなら、あなたの周囲の人たちは「善意で」あなたのキャリアを勝手に決めてしまうことがあるからです。

通信系の会社に勤めるYさんは、育児休業から復帰したときの面談で、上司から「今、昇格させられても困るでしょう?」と言われました。

さらに、上司はこう続けたそうです。

「今、子どもが1歳でしょ。そうしたら、○年後に昇格して給料が上がると、ちょうどいいのでは？」

Yさんは心の中で、「子どものことは何とかするし、別に今昇格してもいいのだけど…」と思いました。でも、自分に自信がなくて言い出せず、「そうですね」と答えてしまいました。

「私は、本当は仕事ぶりを評価してほしかったけれど、昇格したいとは言えませんでした。こんな私が言っていいのかなと思っていたからです。自分から言わなくても、頑張っていたら、上司はそういう姿を見て評価してくれるはずだと思っていました」

それから数年後、Yさんは自己啓発での学びを通して、**「自分の思いは口に出して言わなければ相手には伝わらない」**と気づきました。そして、上司との面談で「昇格したい」という自分の気持ちを伝えました。

すると、上司は「何だ、そうだったの？」と驚いたそうです。その後、それまでの仕事ぶりが評価されていたYさんは、トントン拍子で昇格していきました。

こうした事例は他にもあります。第3章（95ページ）で紹介したように、本人は海外への単身赴任であっても受ける気満々だったのに、「彼女にはご家族がいるから、海外への単身赴任なんてできないだろう」と勝手に判断され、チャンスを逃してしまった女性がいます。

彼女は、「海外に行けと言われたら行ったのに……。ちゃんと意思表示をしておけばよかった」と後悔していました。

まわりの人たちに悪気があるわけではなく、むしろ「配慮」しているつもりだからこそ、やっかいな問題ですよね。

私たち自身も、「男性だから」「女性だから」「子どもがいるから」「若いから」「年配だから」と、無意識のうちに自分の価値観で物事を判断していないでしょうか。

価値観が多様化している今はもう、「言わなくてもわかる」時代ではなくなりました。

自分の思いや希望は、遠慮せずに自分から発信していきましょう。

Tips 自分の考えは日頃から伝えていく

リーダーになると視野が広がり視点が高くなる

リーダーになると、より上位の役職の人や経営トップ層との接点が増えます。たとえば、会議で同席したり、直接話を聞いたり聞かれたりする機会が増えます。また、入ってくる情報も増えます。そうした機会を通じて、**これまでの自分にはなかった「ものの見方」に気づかされる**ことがあります。

以前、研修で「会社への提言をまとめる」という課題があり、そのとき経営陣から直接指導をしていただいたことがありました。工場の環境対策についての提言だったのですが、当初私が考えていた内容は、どれも自部門でできることにとどまっていました。

でも、経営陣から「企画、開発などの、ものづくりの上流工程にも目を向けてみては？」とアドバイスをいただきました。上流工程から工場の環境対策を見直すには、企画、開発の業務内容を知り、彼らが何をできるかを考える必要があります。

私はそれぞれの部門に連絡をして、話を聞かせてもらいました。

さらに経営陣からは、「会社全体にどのような効果があるのか」「実行することによるリスク・実行しないことによるリスク」など、さまざまな角度から質問を受けました。全体を俯瞰し、何がベストな選択なのかを探るために投げかけられる質問に答えることで、自分の視点が上がるのを感じました。

また、他部署のリーダーと知り合ったり、話をする機会が増えると、お互いの業務についてこれまで以上に理解が深まります。「そういう考え方もあるのか」と発見があったりします。**つながりができることで、仕事の協力も得やすくなります。**

そのほか、「会社の顔」として、社外の集まりに出席する機会もあります。こうした「外部との接点」は、自社とは異なる考え方を知ったり、新たな情報を得る貴重な機会です。そこで得たものを自分のチームに還元することでメンバーにも刺激を与えることができます。

リーダーになると、今まで知らなかった世界や考え方を知る機会が増え、自分の成長につながるだけでなく、チームの成長にもつなげていくことができるのです。

Tips 自分にない考え方を吸収する

すべての仕事は人生の実験場

「仕事は人生の実験場」

これは、エネルギー関連の企業に勤める女性、Mさんの言葉です。定年を間近に控えていたMさんは、30年以上の会社員生活を振り返り、こう話してくれました。

「人生の中で、仕事をしている時間の割合はとても大きいです。だからこそ、自分を試せる場所だと思います。いろいろやってみて、次のステップへ進むのがいいかなと考えています」

私自身、自分がやりたいと思った仕事だけでなく、**「やってみなさい」と言われた仕事の中に自分を知るヒントが多くあった**と感じています。

人から頼まれた仕事、振られてきた仕事を振り返ってみると、雑用もありましたが、必ずしも誰にでもできることばかりではありませんでした。

「私だから頼まれた」という仕事や、私自身が気づいていない「私の可能性」を見込んで頼まれたこともあったと思います。実際、やってみたら意外とできて、いつしか「好きな仕事」に変わっていったものもたくさんありました。

第3章で紹介したような「女性だから」と言われて振られてきた仕事もそうです。工場へ見学に来た小学生に工場のことを説明したり、市民講座で話をしたりする仕事です。「自分は人前で話をするのは、そんなに得意ではない」と思っていましたが、やってみたら意外と面白かったのです。

説明が伝わらなくて落胆したこともありましたが、「すごくわかりやすかったです。ありがとう」と喜んでもらえることもありました。「もっと喜んでもらうためにはどうしたらいいか」を考えるのが楽しくなり、「振られてきた仕事」が「やりたい仕事」に変わっていきました。

そして、「わかりやすく説明するために工夫した」という経験は、今の私の仕事につながっています

だから、**気が進まないと思うことも、「ひょっとしたらやりたいことになるかも」と思**

って、一度はやってみてほしいと思うのです。

やってみて、「やっぱり私には合わない」ということもあるでしょう。それはそれでいいのです。「こういう仕事は自分には向かない」ということがわかったのですから。やる前から「自分にはできない」「自分には向かない」と、**自分で自分の可能性を狭めてしまうのはもったいない**です。

Tips 気の進まないこともやってみる

リーダーになると、これまでとは違う仕事の進め方を求められ、うまくいかないことや悩むことがあると思います。でも、どの仕事も「実験」だと思って、たくさんの体験をしてみてください。そこで体験したこと、感じたこと、考えたことは、あなただけのコンテンツになっていきます。

最初は大きすぎる器でも、そのうち器に合ってくる

4月、5月に街で見かける新入社員は、スーツ姿がまだ板についていない感じで、一目見ただけで新入社員とわかります。でも、数か月もすると、すっかりこなれてきます。そう、人は成長するのです。最初はぎこちなくても、段々とサマになってきます。

IT関連企業に勤めるMさんは、役職が上がるにつれて、束ねるメンバーも増え、仕事のやり方もメンバーとの関わり方も変わることに最初は戸惑ったと言います。

「ビジョンを示すといっても、自分はどうしたいのかがわからないし、自分に自信を持てませんでした。

メンバーから『どうしてそういう判断なのですか？』と聞かれたときにも、自分の根拠が足りない気がして悩みました。今から思うと、ちゃんとしたことを言わなきゃと思いすぎていたのかもしれません」

Mさんは、メンバーと話をしたり、顧客から話を聞いたりしました。そこから少しずつ、

自分の考えも話せるようになり、「与えられた役割に自分が追いついてきた」と感じられるようになったそうです。

私自身も、最初はリーダーの役割を果たしているとはまったく思えず、周囲が期待している姿と現状の自分との間にギャップがありすぎて悩みました。それでも、メンバー一人ひとりと向き合い、目の前の課題を解決していくうちに、ギャップが少しずつ埋まっていくのを感じました。

「ちょっと大きすぎるな」と思う器の中にいるほうが、人は成長します。

最初は居心地が悪いものです。

自分のできないところ、足りないところばかりに目が行くかもしれません。それでも、目の前にいる人たちのためにできることを続けてみてください。いつのまにか器にフィットしている自分に気がつく瞬間が、必ずやってきます。

会社に対して思い切った提案をしてみる

この本を手に取っていただいた方の多くは、「どうしてもリーダーになりたい」と思っていた方ではないかもしれません。そんな、役職へのこだわりがないあなただからこそ、できることがあります。それは、会社に対して思い切った提案をすることです。

「役職」にこだわる方の中には、「部長のほうが課長より偉い」というように、役職を「上下関係」でとらえる人がいます。「もっと上位職になりたい」と思うと、上を見て仕事をするようになります。

「おかしい」と思うことがあっても、下手なことを言って出世コースから外れたらいやなので、目をつむったりします。こんなの、誰も幸せではないですよね。

私がお話をした女性リーダーの方々は、**目線を「自分」にではなく、メンバーやお客様、会社の将来に向けていました。**

「社員のためにも、会社の将来のためにも、他の部門へ異動して経験を積んでもらったらどうか」と、部下のジョブローテーションを提案した方。

感情の起伏が激しく、部下に理不尽な物言いをする部長に対して、「部下を痛めつけてどうするんですか」と直訴した方。

「あの人は能力があるのに、どうしていつまでも男性のアシスタントのままなのだろう。同年代の男性と比べて評価されていない女性が多いのでは」と、転職先の会社でのジェンダーギャップに疑問を感じて社長に手紙を書いた方。

彼女たちが特別「強い女性」というわけではありません。自分のためではなく、**「誰かのために」という想いが、彼女たちを突き動かしている**のだと感じています。

提案してもすぐに変わるとは限りませんが、言わなければわかってもらうことはできません。会社に対して意見を言える立場になったからこそ、日々感じている疑問、「もっとこうしたらいいのに」と思う提案、それらを「女性の意見」としてではなく、「自分の意見」として堂々と発信したらよいと思います。

Tips

「誰かのために」という想いを力にする

働きやすい職場をつくることができる

第2章で述べたように、職場にはいつできたのか不明なルールがあったり、作業上の効率が悪かったりなど、「小さな不満の種」が多く潜んでいます。

「仕方ない」「そういうものだ」と思っていて、その不満を我慢していることにすら気づいていないこともあります。

「本当はこうだったらいいのに」と思うことがあっても、メンバーから言い出すのは簡単ではありませんよね。でも、リーダーという立場になれば、会社に提案できる機会が増えます。部長やその上の経営層など、より大きな権限を持つ人たちと話ができる機会が多くなるからです。

まずは、あなた自身が「こうだったらいいのではないか」と思うことを集めてみましょう。そして、メンバーや取引先など、関係する人たちの意見も聞きましょう。「それは今すぐ実現するのは無理かも」ということも出てくると思います。でも、**大事なのは「できる、できない」ではなく、メンバーやスタッフが本当は何を望んでいるのかを知ること**です。「それは無理だよ」といきなり否定してしまうと、誰からも提案が出てこなくなる恐れがあります。

そのうえで、その提案は会社にとってはどのようなメリットがあるのかを考えましょう。とくに、費用のかかるものや制度の変更を伴うものなどは、具体的なメリットを示さなければ会社も動いてくれません。

「効率があがります」と漠然とした表現で伝えるより、「50分かかっていた作業が30分に短縮できます」などと数値で示したり、「離職の防止になる」「求人の際にアピールできる」といったように、会社が抱えている課題を解決する提案であることを示したりすることが必要です。

また、「女性だけ」「子どものいる人だけ」のように、**メリットが特定の人に偏らないように気をつけましょう。**

たとえば、ある会社では、女性社員からの「育児時短勤務の期間延長」という要望があったのを機に就業規則を改定しましたが、育児だけでなく、介護を抱えている社員にとってもメリットのある制度になるように改定しています。

要望されたことを、そのまま提案するのではなく、**リーダーの視点から見て、「より多くの人にメリットをもたらすためには、どうするのが一番よいか」を考えましょう。**

そして、提案を受け入れてくれた会社への報告と感謝も忘れないようにします。社員や職場がどう変化したのかを会社に報告すると、提案を承認してくれた上司や経営層も喜んでくれますし、次の提案も通りやすくなります。

Tips

「小さな不満の種」を解消する

新しい「リーダー」としてのあなたに、会社は新しい風を吹かせてもらいたいと期待していることでしょう。「女性だから」というよりは、「新しくその場に立った」からこそ見えることがあります。

「なぜそうなっているのだろう？」と不思議に思える「新鮮な目」を持っているうちに、「おかしい」と思うことを整理して、提案していきましょう。

「腰が引けること」を選ぶと成長できる

あなたは何かを選択するとき、どんな基準で選んでいますか。

よく、「判断に迷ったらワクワクするほうを選びましょう」と言われます。その「ワクワク」とはどういうものだと思いますか。「ワクワクすること」は「自分が好きで、楽しいと思うこと」だと考える方が少なくありません。

私は「ワクワク」は「楽しい」というよりも、この先に何が待ち受けているのだろうかと、恐る恐る扉を開けるときの気持ちに似ていると思っています。

そこには、「ちょっと怖いな」と腰が引けるような気持ちと、自分がまだ知らないことへの期待感が入り混じっています。ゲームで次のステージに行くときの気持ちに似ているかもしれません。

人から「やってみたら？」と言われて、「ぜひやりたい！」「やれる自信がある」と思うときは、もう自分の中で何をしたらいいのか道筋が見えていて、どんな結果がついてくるのかわかっているようなときです。

そういうときは、腰が引けるどころか、前のめりになりますよね。それが経験したことのない新しいことだったとしても、そこにあるのは「まだ自分の空間にいる安心感」です。

一方、「私にできるかな」「あまり自信がない」と思うようなときは、どんな結果になるのかが見えないときです。できるかもしれないし、できないかもしれない。でも、箸にも棒にもかからないわけではない。「ちょっと怖い。ちょっと不安。でも、その先の自分はどんな変化をするのだろう」という気持ち。それが「ワクワク」の正体のように感じます。

そして、はじめてリーダーになったあなたは、今そんな気持ちでいるのではないでしょうか。

「自分の変化」とは、「成長」です。「自信があって、すでにできること」を繰り返しても、それほど大きな変化は期待できないでしょう。

「自分にできるかな、どうかな」と思うことには、成長の余地があります。「やってみたけど、思うようにいかなかった」という結果に終わるかもしれません。でも、**「やらなかった自分」と「やってみた自分」とでは、大きな差があります。**

「自分の範囲内の空間」から扉を開けて、一歩外に出ていくあなたの前には、新しい出会いがあり、新しい世界が広がっています。

この先も、あなたの前には「次の空間への扉」が次々と登場することでしょう。「できるかな。どうしよう」と扉の前で考えている間は、何も変わりません。

ロールプレイングゲームの主人公になったつもりで、「次の空間への扉」が来たら、思い切って開けてみてください。

Tips

「扉」があったら開ける

自分の思考のクセをありのまま受け止める

「自分らしいリーダーシップを見つける」という社外で開かれたワークショップに参加したときのことです。

ワークショップでは、5~6人のグループで取り組むワークがありました。「ある町に住む8人の人物の関係」を制限時間内に特定するワークです。参加者には人物の情報が書かれたカードが配られますが、その情報は断片的です。また、参加者に与えられる情報はそれぞれ異なります。

ワークは結構難しく、参加者で情報を整理しながら話し合ったのですが、最後まで「これだ!」という答えを導き出すことはできませんでした。

実はこのワーク、答えを出すことが目的ではなかったのです。ワークに没頭しているときに出る「素の自分」（自分はどのように考え、どのような行動をしたか）を知ることが目的でした。

私はワークのとき、「自分が持っている情報を一度に出したら、みんなが混乱するかもしれない」と思い、その場に必要な情報だけを出すようにしたり、複雑なことを図にまとめたりしていました。

さらにこのワークで気づいたのは、「必要な情報がそろったら、あとはひとりで考えて、自力で答えを見つけ出したい」という自分の考えでした。その奥には「正解を出して、すごいって言われたい」という気持ちが隠れていたと思います。

これが私の「思考のクセ」であり、「特性」です。

「そういう私は、リーダーには向いていない」

以前の私だったら、そう考えていたと思います。でも、今は違います。

「私は、こういう特性を持っている」ということを知っておくだけでよく、自分のことを「変えよう」とか「直そう」としなくていいと思っています。なぜなら、それが「自分らしさ」だからです。ただし、**時と場合に応じて、「今は、自分の特性を出す場面ではない」と決めるなど、使い分けることが必要**だと考えています。

つまり、「私は自力で結果を出したいタイプだけど、リーダーという役割を担っている今は、その部分は抑えておこう。それ以外の特性を活かして、リーダーとしての役割を果たそう」というように考えることが大事だと思うのです。

たとえば私の場合は、「情報を整理する」とか、「複雑な情報を、わかりやすい形にまとめる」という「特性」もあります。それを活かして、リーダーの役割を果たすことができるはずです。

「○○だから良い」

「□□だからダメ」

そんなふうに「良い」「悪い」で判断するのではなく、ありのままの自分を受け止めてみましょう。あまり見たくない自分の特性と向き合わなければならないこともあると思います。でも、その特性は33ページで述べたように「場」や「役割」が変われば、役立つ力として活かせるかもしれません。

自分にはどのような思考のクセや特性があるのかを知り、それを「どこで発揮し、どこで抑えるのか」を自分で決めるところからスタートしましょう。

Tips

本来持っている特性の使い方を考える

挑戦の機会を与える人になろう

東京から地元にUターンで転職した女性から聞いた話です。転職先の会社は、女性管理職が少なく、社長自身も何とかしたいと思いながら、こんな悩みを漏らしたそうです。

「管理職に登用しようとしても、嫌がる人が多くてね。目立たなくていいという人が多いんです」

私も地方に住んでいるので、似たような話を聞くことがあります。「夫より先に昇格すること」に対して否定的な見方をされたり、自分自身も戸惑いを感じてしまったりする方もいます。

私自身も、昇格することで、転職先でようやく打ち解けることのできた同僚との間に壁ができてしまうのではないかと心配しました。

なぜなら、「自分が同僚より偉くなる」というような、「上下関係」で物事をとらえていたからです。だから、「自分は役職にふさわしいのだろうか」とか「自分がどう思われるのか」と、誰かの目をいつも気にしていたのです。

でも、チームのリーダーになりメンバーを持ち、メンバーの考えを知り、メンバーの成長に立ち会ううちに、少しずつですが私自身も成長させてもらうことができたと思います。何より、**「自分のため」ではなく、「誰かのため」というのは、とてつもない力がある**のだということを知りました。

「自分のため」だけなら、「ま、いいか」とあきらめていたことでも、「誰かのため」なら「何とかしたい」と思える自分がいました。これは、私にとって大きな発見でした。

本書で何度も申し上げてきましたが、リーダーというのは組織の中で与えられた「役割」です。今いる組織を離れたら、ただのひとりの人間です。だから、「目立つ存在」でもなければ、「夫より上」というものでもありません。

これは、あとになってわかったことですが、「誰かのため」というように視点が変わったとき、私は自分自身の「自己認識」が変わったのだと思います。

人から「あなたは何をしている人ですか」と聞かれたとき、あなたはどう答えますか？

勤めていたときの私は、「〇〇会社〇〇部の課長」というように、会社名や肩書きを名乗っていました。「私は課長である」という自分自身の定義が、「課長とはこうあるべき」という変な気負いやプレッシャーになっていました。

第5章で「人の意識レベル」に6つの段階があるという話を紹介しました（150ページ）。「自分に対する定義」とは、ピラミッドの上部「自己認識」に相当します。

「私は課長だ」という自己認識でいるときは、「課長とはこうあるべき」という信念に縛られ、自分にリーダーシップがないことに悩んだり、自分ひとりで何とかしようともがいたりしていました。

その結果、チームのメンバーは成長の機会を奪われていたのです。私自身がそういう環境をつくり出していたのです。

「メンバーに挑戦の機会を与える人」だという認識に変わると、オセロの石がパタパタとひっくり返るように、考え方も行動も変わり、チームの雰囲気も変わっていきました。

「みんなの成長を促そう」という考えに変わると、そのために自分が提供できることは何かを考えるようになりました。

実際に仕事を任せたり、メンバーの失敗はチームの共有財産にしようという考えが浮かんできたり、やれること・やりたいことがどんどん出てきました。その結果、少しずつですが、メンバーが成長できる環境をつくることができました。

あなたは誰に何をする人ですか。ぜひ考えてみてください。

そして、何よりもまずあなた自身が、あなたのリーダーとなって、たくさんの挑戦を自分にさせてあげてください。

Tips

自分は「誰に何をする人なのか」を決める

おわりに

私には子育ての経験はありません。25歳で結婚を機に会社を辞め、専業主婦をしていた時代があります。31歳のときに再就職し、その後独身に戻って以降は、世の男性同様に働きました。仕事の幅を広げたくて転職もしましたし、中国で仕事をすることも自分だけで決めました。

何にも縛られることなく、自分の気持ちひとつで動いてきた私は、女性のキャリアを語るときに必ず話題に出る「仕事と家庭の両立」というものを経験していません。

ですから、「そんな私は、女性のキャリアやリーダーについて語る資格はない」と思ってきました。この本を書くことになったときも、書いている最中も「本当に私でいいのだろうか」とためらいがありました。

そのためらいを吹き飛ばしてくれたのが、独立行政法人国立女性教育会館理事長を務める萩原なつ子さんの「ひと口に女性といっても、女性の中にも多様性がある」という言葉でした。

結婚している人、していない人。
子どもを持つ人、持たない人。
子どもを持ちたかったけど、持てなかった人。
皆それぞれで、皆それぞれでいい。

心がスッと軽くなりました。女性にもいろいろあるということを認めていなかったのは、私自身だったのだと気づきました。

「私は私。育児をしながら仕事をした経験はないかもしれないけれど、私自身が経験してきた成功事例や失敗事例から得たことを発信しよう」と、心から思うことができました。同時に、さまざまな立場で働いている女性にお話を聞き、本書で事例として紹介いたしました。

本書が、あなたの抱えている不安を解消する手助けとなり、「リーダーという役割を担っていてよかった」と思える瞬間がたくさん訪れるきっかけになったら、こんなに嬉しいことはありません。

最後になりますが、本書の執筆にあたって、多くの方にお力添えをいただきました。

出版のきっかけを与えてくださった松尾昭仁さん、大沢治子さん、本が形になるまで親身にアドバイスをくださった日本実業出版社の安村純さんに、心から感謝申し上げます。また、本書の執筆にあたりインタビューに応じてくださった皆様、会社員時代にお世話になった皆様、そして日頃からご指導や応援してくださっている皆様、ありがとうございました。この場を借りて、お礼申し上げます。

そして、誰よりも、本書を手に取って読んでくださったあなたへ、心からお礼申し上げます。

最後までお読みいただき、ありがとうございました。

深谷　百合子

〈参考文献〉

『新しいリーダーシップ　集団指導の行動科学』三隅二不二　ダイヤモンド社
『事故と安全の心理学：リスクとヒューマンエラー』三浦利章・原田悦子編著　東京大学出版会
『解決志向の実践マネジメント』青木安輝　河出書房新社
『ＮＬＰコーチング』ロバート・ディルツ、佐藤志緒訳、田近秀敏監修　ヴォイス
『人を覚醒に導く史上最強の心理アプローチ　ＮＬＰコーチング』ロバート・ディルツ、横山真由美訳、足達大和監修　GENIUS PUBLISHING
『組織のパフォーマンスが上がる　実践ＮＬＰマネジメント』足達大和　日本能率協会マネジメントセンター
『脳をだますとすべてがうまく回り出す』三宅裕之　大和書房

深谷百合子（ふかや　ゆりこ）
研修講師／合同会社グーウェン代表。大阪大学卒業後、ソニーグループ、シャープで工場の環境保全業務を行う。2006年、シャープ亀山工場初の女性管理職となり、約40名の男性部下を抱えるが、仕事を任せられず、リーダーシップとは何かに悩む。失敗して萎縮する部下のフォローをする中で、自分らしいリーダーのあり方を見出す。2013年から部長職として中国国有企業との新工場建設プロジェクトに参画。その後、中国国有企業へ転職。動力運行部の技術部長として約100名の中国人部下を育成する。現在は職場コミュニケーションの改善を主なテーマに、講演や研修を行っている。著書に『賢い人のとにかく伝わる説明100式』（かんき出版）がある。

Webサイト：https://guwen-fukaya.com/

はじめてリーダーになる女性《じょせい》のための教科書《きょうかしょ》

2024年7月1日　初版発行

著　者　深谷百合子 ©Y.Fukaya 2024
発行者　杉本淳一

発行所　株式会社 日本実業出版社　東京都新宿区市谷本村町3−29 〒162−0845
編集部　☎03−3268−5651
営業部　☎03−3268−5161　振　替　00170−1−25349
https://www.njg.co.jp/

印　刷／壮　光　舎　　製　本／共　栄　社

本書のコピー等による無断転載・複製は、著作権法上の例外を除き、禁じられています。
内容についてのお問合せは、ホームページ（https://www.njg.co.jp/contact/）もしくは書面にてお願い致します。落丁・乱丁本は、送料小社負担にて、お取り替え致します。

ISBN 978-4-534-06117-1　Printed in JAPAN

日本実業出版社の本

下記の価格は消費税(10%)を含む金額です。

仕事ができる人が見えないところで必ずしていること

安達裕哉
定価 1650円(税込)

1万人以上のビジネスパーソンと対峙してきた著者が明かす、周りから信頼され、成果を出す「できる人」の思考法。「できる人風」から「本当にできる人」に変わる、ビジネスパーソンの必読書。

心理カウンセラー弁護士が教える
気弱さん・口下手さんの交渉術

保坂康介
定価 1650円(税込)

交渉をする機会は沢山あります。でも押しが弱いし話すのも上手くない…できれば避けたい方も多いでしょう。本書はそんな人でも使える、弁護士で口下手な著者だからこその実践的ノウハウです。

法律・お金・経営のプロが教える
女性のための「起業の教科書」

編著者:豊増さくら
定価 1650円(税込)

自宅やシェアオフィスなどを活用して起業する女性が増えています。でも安易に起業するとトラブルや落とし穴も。好きなことや得意なことで、しっかり稼ぐためのノウハウや実務をプロが指南。

定価変更の場合はご了承ください。